Theodor Kistiakowski

**Gesellschaft und Einzelwesen**

Eine methodologische Untersuchung

Theodor Kistiakowski

**Gesellschaft und Einzelwesen**
*Eine methodologische Untersuchung*

ISBN/EAN: 9783744600880

Hergestellt in Europa, USA, Kanada, Australien, Japan

Cover: Foto ©ninafisch / pixelio.de

Weitere Bücher finden Sie auf **www.hansebooks.com**

# GESELLSCHAFT UND EINZELWESEN.

EINE METHODOLOGISCHE UNTERSUCHUNG.

## INAUGURAL-DISSERTATION

ZUR

ERLANGUNG DER DOKTORWÜRDE

DER

PHILOSOPHISCHEN FAKULTÄT

DER KAISER-WILHELMS-UNIVERSITÄT

ZU STRASSBURG

VORGELEGT VON

**THEODOR KISTIAKOWSKI**

(AUS KIEW IN RUSSLAND).

BERLIN 1899.
VERLAG VON OTTO LIEBMANN,
BUCHHANDLUNG FÜR RECHTS- UND STAATSWISSENSCHAFTEN.
W. LÜTZOWSTRASSE 27.

Von der Fakultät genehmigt am 30. Juli 1898.

Diese Abhandlung bildet einen Teil einer grösseren Schrift, die unter dem Titel „Gesellschaft und Einzelwesen. Eine methodologische Studie" im Verlage von Otto Liebmann in Berlin gleichzeitig erschienen ist.

# I. Kapitel.
# Staat und Mensch.

> „Civitas ergo (ut cam definiamus) est persona una, cujus voluntas ex pactis plurium hominum pro voluntate habenda est ipsorum omnium" . . . .
> Thom. Hobbes.

Soweit die Entwickelung der Wissenschaft sich in der Entwickelung der Begriffe darstellt, vollzieht sie sich in der gegenseitigen Bedingtheit von Analyse und Synthese derselben. Bestehende Begriffe werden fortwährend in ihre Elemente aufgelöst und diese zu neuen Begriffen zusammengefügt, die die Struktur der Wirklichkeit zweck- und sachgemässer darstellen, bis derselbe Prozess auch das neue Gebilde ergreift und über seine Analyse zu weiteren begrifflichen Synthesen ins Unendliche fortschreitet. Jeder Stand in der Erkenntnis der Wirklichkeit charakterisiert sich hauptsächlich durch eine bestimmte Ordnung des begrifflichen Materials, und jeder Fortschritt ist durch eine neue Ordnung bedingt.

Die durch unsere heutige Wissenschaft gewonnene Ordnung der Begriffe enthält wenigstens einen Teil des unbedingt wahren Wissens, soweit diese Ordnung durch allgemeingiltiges Denken bedingt ist. Offenbar musste dieses Wahre auch von den Denkern der früheren Zeiten zum Teil vorausgesehen oder geahnt werden. Wie vieles, was wir jetzt in einem System erkennen, ist doch schon früher entweder in der Form einzelner Einfälle oder in der Gestalt schon formulierter und nur auf anderem Wege erworbener und in anderen Zusammenhang gebrachter Begriffe gedacht worden! Ueberall können wir die Spuren einer uns jetzt notwendig erscheinenden Denkweise in früheren Gedankengängen entdecken.

Was jedoch dem Denken der früheren Epochen meistenteils fehlte, ist die Differenzierung zwischen den Begriffen. Der Differenzierungsprozess, dem das begriffliche Material im Laufe der Entwickelung unterlag, bildet eines der wichtigsten Momente des wissenschaftlichen Fortschrittes. Vieles von dem, was jetzt zergliedert und in verschiedenen getrennten Begriffen gefasst wird, ist früher oft in einem allgemeineren höheren Begriffe ungeschieden gedacht worden. Wenn also das ältere Wissen in vielen Punkten mit unserem übereinstimmt, so enthält es auch solche Elemente, die uns fremd sind. Sie dürfen nicht übersehen werden, denn gerade in diesen Elementen liegt sogar die Eigentümlichkeit und Originalität des Denkens unserer Vorfahren. Wenn man daher das ältere Denken unserem allzusehr anpasst und es nur insoweit betrachtet, als es mit dem von uns bewiesenen und anerkannten übereinstimmt, dann werden immer bei der Beurteilung desselben unrichtige Meinungen unterlaufen.

Die willkürliche Uebertragung der neueren Theorien auf die Auffassung der älteren Ansichten zeigt sich in auffallender Klarheit auch in dem Bestreben, die früheren Vergleichungen zwischen Staat und Einzelmensch im Sinne der biologischen Analogie zu deuten. Die eigentliche Analogie zwischen der Gesellschaft und dem Organismus ist aber eine Schöpfung der neuesten Zeit.[1]) Erst nachdem man nicht nur die politisch-staatliche und psychologisch-ethische Seite des sozialen Zusammenhanges, sondern auch den ganzen Komplex der gesellschaftlichen Erscheinungen und Funktionen zum Gegenstand der Untersuchung gemacht hatte, konnte man diese Analogie aufstellen. In ihrer allgemein verbreiteten Form trägt sie die deutlichen Spuren der gewaltigen Vorherrschaft der Naturwissenschaften, die in hervorragendem Masse unsere Zeit charakterisiert. Deshalb kann diese Analogie, die man als organische Theorie

---

[1]) Eine Uebersicht der verschiedenen Theorien über die Analogieschlüsse vergl. bei Paul Barth, Philos. d. Gesch. als Soziol. S. 94 ff.

der Gesellschaft bezeichnet, nur als Produkt der modernen Denkweise betrachtet werden.[1]) Ueberdies ist die Streitfrage über ihren wissenschaftlichen Wert noch lange nicht abgeschlossen. Es ist eine unfertige und ausschliesslich durch den heutigen Stand des Wissens veranlasste Theorie, neben welche man die älteren Parallelen zwischen Staat und Mensch stellen würde. Als der Erste, der eine solche Analogie in einem der modernen naturwissenschaftlichen Vergleichung ähnlichen Sinne aufgestellt hat, pflegt gewöhnlich Platon genannt zu werden.[2]) Hier aber muss von vornherein darauf hingewiesen werden, dass Platon überhaupt keine qualitativen Unterschiede zwischen Staat und Individuum kennt. In seiner Vergleichung hebt er ausdrücklich lediglich die quantitative Verschiedenheit dieser beiden Gebilde hervor.[3]) Die einfache Behauptung, dass der Staat grösser als der Einzelmensch ist, kehrt in der Politeia so häufig wieder[4]), dass sie als ein erheblicher Bestandteil der platonischen Staatstheorie betrachtet werden muss. Diese Behauptung ist die Voraussetzung seiner weiteren Ausführungen über die Beziehungen zwischen Staat und Individuum. Er behandelt Staat und Individuum überall als durchgängig ähnliche Gebilde, hält es jedoch nirgends für notwendig, diese Aehnlichkeit oder Gleichheit vorher zu beweisen. Sie steht für ihn schon von vornherein fest. Wenn man dazu in Betracht

---

[1]) Ueber das allmälige Auftreten von Bildern und Gleichnissen aus verschiedenen Zweigen der Naturwissenschaften vgl. Rud. Eucken, Ueber Bild. u. Gleichn. in d. Philos., S. 24. „Der Einfluss der copernikanischen Lehre zeigt sich erst in der zweiten Hälfte des 17. Jahrhunderts, aber von da an sind es gerade sehr hervorragende Philosophen, Männer, wie Leibniz, Kant, Herbart gewesen, welche die letzten Aufgaben der Philosophie durch Analogien der neu gewonnenen astronomischen Anschauungen deutlich zu machen suchten. Bilder aus der neueren Chemie dürften zuerst bei Kant erscheinen, auch hier folgt ihm Herbart u. s. w." Es versteht sich von selbst, dass die physiologischen und biologischen Analogien noch späteren Ursprungs sind.
[2]) Vgl. besonders Herb. Spencer, The Social Organism, abg. Essays v. 1, S. 384 u. Die Prinz. d. Soziol. B. 2, § 269.
[3]) Vgl. Platon, Polit., II, 368. Δικαιοσύνη, φαμέν, ἔστι μὲν ἀνδρὸς ἑνός, ἔστι δέ που καὶ ὅλης πόλεως; Πάνυ γε, ἦ δ'ὅς. Οὐκοῦν μεῖζον πόλις ἑνὸς ἀνδρός; Μεῖζον, ἔφη. Ἴσως τοίνυν πλείων ἂν δικαιοσύνη ἐν τῷ μείζονι ἐνείη καὶ ῥᾴων καταμαθεῖν."
[4]) Vgl. a. a. O. II, 368; IV, 435, 441.

zieht, dass das Individuum für Platon durch den Staat vollständig absorbiert ist, dann muss man zu dem Schluss kommen, dass er sich den Gegensatz zwischen Staat, dessen Substrat die Gesamtheit der Personen ausmacht, und Individuum nicht in derselben Weise vorgestellt hat, wie wir ihn jetzt denken.

Auf dieser seiner allgemein methodologischen Grundlage stellt Platon allerdings zwei Parallelen zwischen Staat und Einzelmensch auf. Für ihn ist der Staat ein Mensch im grossen und der Mensch ein Staat im kleinen.[1]) Jeden kann man nur mit Hilfe des anderen begreifen, und in diesem Sinne dienen sie beide für einander als Erkenntnisprinzip.[2]) Darin besteht der gemeinsame Zug der beiden platonischen Vergleichungen, der für diese Untersuchung

---

[1]) Schon K. F. Herrmann, Gesch. u. Syst. d. Platon. Phil., S. 539, hat die doppelte Bedeutung der platonischen Analogie hervorgehoben, indem er ausführte: „Genauer betrachtet zerfällt das Ganze (Politeia) überhaupt in vier oder fünf Massen, von welchen nur das zweite bis vierte und das achte und neunte Buch den eigentlichen Kern bilden und die Analogie des Staates als eines Menschen im grossen und des Menschen als eines Staates im kleinen sowohl in Hinsicht auf das Ideal der sittlichen Harmonie selbst, als auf die Entartung ausführte." Cit. bei Krohn, D. platon. Staat, S. 1. Dagegen vertritt O. Gierke, D. d. Genossenschaftsrecht, B. 3, S. 14 u. Grundbegriffe d. Staatsw., Zeitschr. f. d. ges. Staatsw. B. 30, S. 269, eine einseitig gefärbte unzutreffende Meinung, wenn er nur die Auffassung des Staates als eines Menschen im grossen als charakteristisch für Platon bezeichnet. In einer Anmerkung (a. a. O. S. 14) behauptet er jedenfalls: „Platon geht freilich in der Politeia den umgekehrten Weg, indem er die Gerechtigkeit zuerst am Staate aufsucht, um das Resultat auf den einzelnen zu übertragen, und so bei allen Inzidentfragen verfährt: es ist aber offenbar, dass bei der Erörterung über den Staat die Grundlehren über die Einzelseele, ihre Kräfte und Eigenschaften bereits vorausgesetzt werden." Doch kann man nach dem Wortlaut der platonischen Ausführung eine solche Voraussetzung, wie sie Gierke vermutet, unmöglich annehmen. Die eigentliche Voraussetzung von Platon besteht vielmehr in der allgemeinen Ueberzeugung von der durchgehenden Aehnlichkeit zwischen Staat und Mensch.

[2]) Wenn H. Spencer, Soziol. Bd. 2, § 269, d. A., S. 169, in seiner Kritik der platonischen Staatstheorie behauptet, dass Platon aus einem ganz richtigen Vordersatz — der Staat ist dem einzelnen Menschen ähnlich — einen falschen Schlusssatz deduziert, dass auch umgekehrt die Arten der menschlichen Seelenverfassungen den Arten der Staatsverfassungen ähnlich sein müssen, so liegt hier bei Spencer ein Missverständnis vor. Er zieht gar nicht in Betracht, dass Platon durch seinen Vergleich ebenso die wahre Erkenntnis über den Staat, wie über den Menschen zu gewinnen sucht.

besonders wichtig ist. Die zweite Parallele, die am Schluss des vierten Buches angedeutet und erst im achten und neunten Buche ausgeführt ist, behandelt nur die Entartung des wahren Staates und ist für uns irrelevant. Ganz anders steht es mit der ersten. Seinen idealen Staat konstruiert Platon in seinen Gedanken vollständig frei als ein Urbild für alle Staaten. Die Parallele zwischen diesem gerechten Staate und dem gerechten Manne besteht darin, dass in beiden dieselbe strenge Dreiteilung durchgeführt wird, und zwischen diesen Teilen ein vollständiges Gleichgewicht oder die Gerechtigkeit herrscht. Dieser harmonische Zusammenklang der Tugenden in einer vollendeten idealen Gestalt bildet den Kernpunkt des Staates wie des Einzelmenschen. Solcher Gestalten der gerechten Harmonie oder der wahren Tugend giebt es für Platon nur eine einzige, während die Schlechtigkeit nach ihm in unzähligen Formen vorkommt, von denen er blos vier als die wichtigsten herausnimmt.[1]) Wenn aber diese ideale Gestalt auch nur eine einzige ist, so ist sie doch gleichzeitig in zwei äusseren Formen vertreten, weil die Gerechtigkeit ebenso im Staate, wie im einzelnen Menschen ist.[2]) Indirekt bezeichnet Platon diese zwei Formen, in denen die Gerechtigkeit auftritt, als dasselbe, indem er das logische Gesetz der Identität bei der Gelegenheit seines Vergleiches bespricht[3]); wiederholt behauptet er dabei, dass der Einzelmensch dem Staate ähnlich und der Staat nur grösser sei als der Mensch.[4])

Für uns ist es also klar, dass diese Aehnlichkeit für Platon eine feste Thatsache war, die keines eigentlichen Beweises bedürfe. Es ist eine Voraussetzung, von der er ausgeht und nicht ein Resultat, zu dem er gelangt. Nicht

---

[1]) Platon a. a. O. IV, 445 „Καὶ μήν, ἦν δ᾽ἐγώ, ὥσπερ ἀπὸ σκοπιᾶς μοι φαίνεται, ἐπειδὴ ἐνταῦθα ἀναβεβήκαμεν τοῦ λόγου, ἓν μὲν εἶναι εἶδος τῆς ἀρετῆς, ἄπειρα δὲ τῆς κακίας, τέτταρα δ᾽ἐν αὐτοῖς ἄττα ὧν καὶ ἄξιον ἐπιμνησθῆναι."
[2]) a. a. O. IV, 434.
[3]) a. a. O. IV. 435. „Ἆρ᾽ οὖν, ἦν δ᾽ἐγώ, ὅ γε ταὐτὸν ἄν τις προςείποι μεῖζόν τε καὶ ἔλαττον, ἀνόμοιον τυγχάνει ὂν ταύτῃ, ᾗ ταὐτὸν προςαγορεύεται, ἢ ὅμοιον; Ὅμοιον, ἔφη."
[4]) Vgl. Platon, a. a. O. V. 449, 462; VIII 549; IX, 577.

die Gründe dieser Aehnlichkeit will er auffinden, sondern auf Grund dieser Aehnlichkeit die weiteren Konsequenzen ziehen. Alle seine Ausführungen beruhen darauf, dass in zwei ähnlichen Gebilden, von denen das eine grösser, das andere kleiner ist, die wesentlichen Merkmale auch ähnlich sein müssen. Wenn wir diese platonischen Ansichten über den Staat in Beziehung zu den gegenwärtigen Staatstheorien zu setzen versuchen, so können wir in der Auffassung des Staates als eines Menschen im grossen nur die Vorbereitung zu dem modernen Begriff der Staatspersönlichkeit erblicken. Die fast vollständige Identifizierung des Staates und des Einzelmenschen als psychisch-ethischer Gebilde bei Platon[1]) wäre ganz unbegreiflich, hätte er den Staat und den Menschen im ganzen, und nicht blos als Träger derselben politisch-ethischen Aufgaben betrachtet.[2]) Nur als Subjekte der Rechte und Pflichten können der Staat und der Mensch ihren Platz so gegeneinander vertauschen, wie es bei der Behandlung ihres Wesens in der Politeia geschieht.[3]) Bei Platon hat

---

[1]) Wenn H. Spencer, a. a. O. § 269, d. A., S. 170, Platon vorwirft, dass seine Analogie „viel zu sehr ins einzelne geht," so lässt er unberücksichtigt, dass dem platonischen Idealstaate ausschliesslich moralische oder geistige, aber keine materielle Bedeutung zukommt. Selbst das Prinzip der Arbeitsteilung fasst Platon vom moralischen Standpunkt auf. Vgl. K. Hildenbrand, Gesch. u. Syst. d. Rechts- u. Staatsph. S. 126. Dagegen bezeichnet Spencer diese Seite der platonischen Staatsauffassung, statt sie zu erklären, einfach als Irrtum, vgl. a. a. O. S. 169.
[2]) Vgl. Platon, a. a. O. IV, 435. *„Καὶ δίκαιος ἄρα ἀνὴρ δικαίας πόλεως κατ' αὐτὸ τὸ τῆς δικαιοσύνης εἶδος οὐδὲν διοίσει, ἀλλ' ὅμοιος ἔσται. Ὅμοιος, ἔφη."*
[3]) Diese Auffassung der platonischen Staatstheorie steht im Widerspruch mit der Meinung O. Gierkes, welcher behauptet, a. a. O. Bd. 3, S. 15: „Hieraus (aus der Aehnlichkeit des Staates und Menschen) ergiebt sich die Anforderung einer Einheit des Staates, welche gleich der des Individuums möglichst einfach ist; einer Einheit, in welcher die Teile ganz enthalten und nur für das Ganze wertvoll sind; einer Einheit, die zuletzt zum Kommunismus drängt. Trotzdem kommt es bei Platon nicht einmal zu einer Andeutung des Begriffes der „Staatspersönlichkeit". Gierke übersieht jedoch dabei, dass in der Vorstellung der Menschenähnlichkeit des Staates auch der Begriff der Staatspersönlichkeit schon enthalten ist. Den besten Beweis dafür liefert Gierke selbst in demjenigen Teil seines Werkes, in dem er über das „Wesen der Stadtpersönlichkeit" im Mittelalter spricht. Vgl. a. a. O. Bd. 2, S. 823. „Mit jeder andern Person und somit auch mit dem Einzelmenschen

nun zwar diese Parallele zwischen Staat und Einzelmensch keine rechtliche, sondern eine psychologisch-ethische Bedeutung. Auch sind ihm die Begriffe der Persönlichkeit oder des willensfähigen Subjektes vollständig fremd.¹) Infolge der Thatsache jedoch, dass zur Zeit Platons das Recht als besondere soziale Funktion von der Ethik, und der Begriff der Persönlichkeit von dem Begriffe des Menschen überhaupt noch nicht abgetrennt, und dass das Willensproblem noch gar nicht gestellt war, ist man nicht berechtigt, die platonische Gleichsetzung des Staates und des Einzelmenschen als Analogie zwischen der Gesellschaft und dem Organismus zu deuten. Gerade von diesen Begriffen ist die platonische Staatstheorie am weitesten entfernt.²) Dagegen erscheint sie in richtiger Beleuchtung, wenn man sie als Vorstufe im Kampf für die einheitliche Auffassung der rechtlichen Seite der staatlichen Gebilde anerkennt. Die weitere wissenschaftliche Entwickelung verschärfte gerade diese Tendenz des platonischen Vergleiches zwischen Staat und Individuum.³)

---

hatte die Stadt die Fähigkeit gemein, Rechtssubjekt zu sein und mit rechtlicher Wirkung zu wollen und zu handeln. Wurde auch das Fremdwort „Person" nur selten zur Bezeichnung dieser Gattungseinheit angewandt, so wurden doch häufig Städte und einzelne Menschen derartig parallelisiert, dass an dem Bewusstsein des ihnen gemeinsamen Merkmals, Person zu sein, nicht gezweifelt werden kann."

¹) Vgl. K. Hildenbrand, a. a. O. Bd. 1, S. 26, 129, 156 u. 161.
²) Vgl. K. Hildenbrand, a. a. O. S. 156. „Die Politeia enthält eine Gesellschaftsordnung und eine Staatsverfassung, die wir natürlich unterscheiden müssen, während Platon, dem ebensowenig wie irgend einem andern griechischen Denker der Unterschied von Staat und Gesellschaft zum Bewusstsein gekommen war, den sozialen Organismus mit dem politischen konfundiert."
³) Seither wurde es oft versucht, die Analogie zwischen Gesellschaft und Individuum schon in den volkstümlichen Vorstellungen nachzuweisen. Das älteste Beispiel hierfür bietet die Fabel von Menenius Agrippa. Ihr Charakter als Fabel beweist jedoch schon, dass sie nicht eine reale Analogie feststellen, sondern nur bestimmte Verhältnisse in Form eines Gleichnisses zur Anschauung bringen will. Vgl. Niebuhr, Röm. Geschichte, Bd. 1, 3. Aufl. S. 678 u. Mommsen, Röm. Gesch., Bd. 1, 2. Aufl. S. 247. Auch der Stelle des Römerbriefes, in der Paulus die Kirche als Leib Christi bezeichnet, kommt nur die Bedeutung eines Bildes zu. Dagegen enthalten einen viel reicheren Inhalt die eigentlichen volkstümlichen Aussprüche bei denjenigen Völkern, bei denen sich, wie bei den Slaven, das Gemeinwesen in stärkerem Grade erhalten hat. Dort haben solche Redensarten unmittelbare Beziehung auf das soziale Verhältnis des Einzelnen zu der Gemeinde. Die russischen Bauern

Eine besondere und schon mehr juristische Ausprägung fand der Gedanke Platons erst bei Hobbes. Man betrachtet gewöhnlich auch Hobbes als einen Vertreter der biologischen Analogien, der dabei in seiner Vergleichung zwischen Staat und einzelnem Menschen am weitesten gegangen sei. Er unterscheidet bekanntlich in dem Staate Körper, Gelenke, Seele, Nerven, Vernunft, Gedächtnis u. s. w. Diese ausführliche Parallele findet man in der staatswissenschaftlichen Litteratur erst bei Hobbes so ausgeprägt. Bei der Berufung auf diese berühmte Stelle aus seinem Leviathan wird jedoch vollständig unerwähnt gelassen, dass sie sich in der Einleitung zum Hobbesschen Werke befindet.[1]) Hätte Hobbes seine Vergleichung als eine vorläufige, unvollständige und der weiteren Beweise bedürfende Analogie gemeint, so konnte er dieselbe nicht als assertorische Behauptung auf der ersten Seite seines Buches aussprechen. Hobbes musste also seine Meinung von der durchgehenden Aehnlichkeit zwischen Staat und Individuum für etwas anderes gehalten wissen wollen, als für den blossen Versuch, eine gelegentliche Parallele zwischen beiden durchzuführen. Die Gleichheit von Staat und Einzelmensch ist nach Hobbes' Leviathan ein vollständig sicherer und unangreifbarer Satz.[2])

---

sagen z. B. „der Mir ist ein grosser Mensch". Damit bezeichnet man aber nur die grosse Macht der Gemeinde, ihre Herrscherrechte über den Einzelnen, und dieser Ausspruch bedeutet ebensoviel wie das deutsche Sprichwort: „Die Landesgemeinde ist der grösste Landesfürst", vgl. Graf u. Dietherr, D. Rechtssprichwörter, 9. Aufl. S. 788. Von einer Analogie im obigen Sinne kann also hier keine Rede sein.

[1]) Vgl. Thom. Hobbes, Leviathan, Introductio, Molesworth, Op. Lat. v. III, p. 1: „Magnus ille Leviathan, quae civitas apellatur, opificium artis est et homo artificialis; quamquam homine naturali, propter cujus protectionem et salutem excogitatus est, et mole et robore multo major. In quo is, qui summam habet potestatem, pro anima est, corpus totum vivificante et movente; magistratus et praefecti, artificiales artus; praemia et poenae summae potestati appensae, et a quibus membra ad suum cujusque opus perficiendum incitantur, nervi sunt, qui idem faciunt in corpore naturali" . . . . .

[2]) Spencer, vgl. The soc. organism, Essays, v. 1, p. 391, beschuldigt Hobbes der Inkonsequenz, weil er von der künstlichen Schaffung des Gemeinwesens spricht und dieses nachher als einen Menschen betrachtet. Doch beurteilt er ihn dadurch von einem willkürlich gewählten und unrichtigen Standpunkt. Noch jetzt sind die Grenzen der Biologie als einer

Dieser Charakter der Behauptung Hobbes' kann nur durch seine früher ausgesprochenen Ansichten über den Staat erklärt werden. Schon in seiner „Abhandlung über den Bürger", die bekanntlich neun Jahre früher als der „Leviathan" erschienen ist, hat Hobbes den Satz aufgestellt: „der Staat als eine Person kann die Waffen nicht gegen sich selbst ergreifen."[1]) Gerade dieses Buch, welches so wenig in der Litteratur über die organische Theorie beachtet wurde[2]), kann den besten Aufschluss über Hobbes' Lehre der Menschenähnlichkeit des Staates geben. Hier bleibt Hobbes in seiner Ausführung ausschliesslich auf juristischem Boden. Seine Auffassung und Definition des Staates beruht auf der Isolierung der Willenseinheit als solcher und der Eigenschaft des Staates als des Subjekts des Rechts ebenso wie auf der Abstraktion von einzelnen Menschen und sozialen Gebilden. Darum definiert er den Staat als eine juristische Person (persona civilis), die ihren Willen, ihre Rechte und Pflichten hat, unabhängig von dem

---

Wissenschaft ziemlich vage, indem sie eine vermittelnde Stelle zwischen rein beschreibenden Wissenschaften, wie Zoologie und Botanik einerseits, und Gesetzeswissenschaften, wie Physiologie und Chemie andererseits einnimmt, und dabei noch manche nicht scharf abgegrenzte Wissenszweige, wie Morphologie und Embryologie, einschliessen muss; in den Zeiten von Hobbes existierte Biologie als besondere Wissenschaft überhaupt noch nicht. Auch der Gegensatz zwischen Natur und Kunst war damals nicht so scharf ausgeprägt, wie jetzt. Hobbes selbst fängt dieselbe Einleitung, in der er die Gesellschaft einen „künstlichen Menschen" („homo artificialis") nennt, mit dem Satze an, in welchem er der Natur, die er als Kunst Gottes bezeichnet, die menschliche Kunst gleichstellt. Wenn man also Hobbes richtig beurteilen will, dann darf man ihn nicht mit dem Massstab der modernen Naturwissenschaft messen. Man muss dagegen stets im Auge behalten, dass es ihm nicht auf die Organisation und die Gesetze der Funktionierung des sozialen Ganzen, sondern auf die einheitliche Auffassung und Personifizierung des Staates ankommt. Ebenso fällt der Vorwurf in sich zusammen, dass Hobbes sich den Staat so starr und unlebendig, wie einen „Automaten" vorgestellt hat, vgl. O. Gierke, Joh. Althusius u. d. Entw. d. naturr. Staatsth. S. 190, weil noch die ganze Cartesianische Schule die Tiere im Gegensatz zum Menschen als Automaten betrachtete.

[1]) Vgl. Thom. Hobbes, Elem. phil. de cive, Cap. VI, § 1. „Civitas enim quae una persona est, capere arma in se ipsam non potest." Darüber vgl. Lyon, La Philos. de Hobbes, p. 171.

[2]) Weder Spencer, Essays v. 1 u. Sociol. II, noch van Krieken, Ueb. d. sog. organ. Staatsth. erwähnen die „Elem. phil. de cive."

Willen und den Rechten der einzelnen Bürger.[1]) Als einen Menschen dagegen bezeichnet er den Staat in dieser Untersuchung gar nicht. Deshalb ist es für **Hobbes'** Staatstheorie, die in der Einleitung zum **Leviathan** vorgetragen wurde, sehr charakteristisch, dass der Vergleich des Staates mit dem Einzelmenschen sich erst in dem Kapitel seines Buches wiederfindet, in welchem er von den Dingen spricht, die zerstörend oder zerrüttend auf den Staat wirken. Selbst in seiner Definition des Staates benutzt **Hobbes** auch im **Leviathan** diesen Vergleich nicht mehr und bezeichnet den Staat, die Gesellschaft und das Gemeinwesen nur als einen „sterblichen Gott" und „eine Person".[2]) Wenn er aber von den Krankheiten, den Gefahren der Auflösung und dem Tode des Staates spricht, so stützt er sich wieder auf seine Behauptung der Gleichheit des Staates und des Menschen und behandelt ihre Schwäche nebeneinander.[3]) Durch diese Be-

---

[1]) Vgl. Thom. Hobbes, a. a. O. Kap. V, § 11. „Unio autem sic facta apellatur civitas, sive societas civilis, atque etiam persona civilis: nam cum una fit omnium voluntas, pro **una persona** habenda est; et nomine **uno** ab omnibus hominibus particularibus distinguenda et dignoscenda habens jura sua et res sibi proprias. Ita ut neque civis aliquis neque omnes simul (si excipiamus eum, cujus voluntas sit pro voluntate omnium) **pro civitate censenda est.**" Darüber vgl. O. Gierke, Joh. Althusius, S. 189.

[2]) Der Vergleich des Staates mit dem Menschen nimmt einen so geringen Platz in den Werken von Hobbes ein, dass die neuesten Forscher seiner philosophischen Lehren seine Zugehörigkeit zu den Vertretern der organischen Theorie schlankweg bestreiten. Vgl. Ferd. Tönnies, Hobbes' Leben u. Lehre, S. 224. „Mithin ist die ganze Lehre unseres Philosophen über Recht und Staat nicht, wie sie gewöhnlich verstanden wird, eine willkürliche und excentrische Spekulation . . . . Ihre allgemeine Bedeutung liegt zuerst in der Negation der überlieferten Lehren, deren Elemente ich in Kürze skizziert habe. Diese können einheitlich dahin charakterisiert werden, dass sie die Gebiete des sozialen Lebens als **organische** zu begreifen versuchen; dem biologischen Wissen der Zeit gemäss kann das nur in unklarer Weise geschehen und nur vermöge des Dualismus von Leib und Seele." Wenn aber anerkannt werden muss, dass Hobbes kein Anhänger der organischen Theorie ist, welche auf Analogien zwischen dem sozialen Körper und dem Organismus beruht, so kann doch nicht bestritten werden, dass er den Staat schon von vornherein für gleich dem Menschen hält.

[3]) Vgl. Thom. Hobbes, Lev., Kap. XXIX, Molesw. Op. Lat. v. III, p. 230, „De iis Rebus quae Civitatem labefactant." Dieses ganze Kapitel ist ausschliesslich auf der Parallele des staatlichen und mensch-

schränkung seines Vergleiches auf wenige Partien des Buches hat Hobbes in auffallender Klarheit gezeigt, welche Bedeutung die Nebeneinanderstellung von Staat und Mensch für ihn hat. Sie dient ihm blos als der beste Beweis, dass der Staat als einheitliches, unteilbares und vollkommenes Wesen betrachtet werden muss, gleich dem Menschen, also dem anderen Träger der Eigenschaften eines Rechts- und Willenssubjekts.[1]) Die Integrität, die Vollständigkeit, die Selbstgenügsamkeit und Abgeschlossenheit der staatlichen Einheit kann er nicht eindringlicher beweisen, als indem er den Staat als einen grossen und mächtigen Menschen darstellt. Bei dieser Art von Beweis für seine staatswissenschaftliche Theorie findet bei Hobbes nicht der Versuch seinen Ausdruck, den ganzen Komplex der mannigfaltigen gesellschaftlichen Erscheinung zu umfassen und zu erforschen, sondern umgekehrt das Bestreben, gerade diese Vielheit

---

lichen Körpers aufgebaut, durch welche Hobbes zu beweisen glaubt, dass der Staat oder das Gemeinwesen bei bestimmten abnormen Bedingungen krank ist, nicht mehr bestehen kann und notwendig sterben muss. Schon nach der kurzen Einleitung über die Sterblichkeit alles dessen, was von den Sterblichen geschaffen ist, stellt er die Behauptung auf: „Inter infirmitates civitatis primo loco ponendae sunt illae, quae ab imperfecta nascuntur institutione, similesque sunt corporis naturalis morbis illis, qui procedunt a generatione vitiosa." Weiter verfolgt er diesen Vergleich beinahe durch sämtliche Krankheiten. Besonders ausführlich behandelt er ihn aber in dem englischen Text, der bekanntlich viel früher erschienen ist als der lateinische. Das kann auch als Zeugnis dienen, dass Hobbes seine These über die Gleichheit von Staat und Einzelmensch als ein Beweismittel der Integrität des Staates für polemische Zwecke gegen seine politischen Gegner gebrauchte. Als Beispiel kann man folgende Sätze anführen, vgl. a. a. O. Works, v. III, S. 318: „Sometimes also in the morely civil government there be more than one soul: as where the power of levying money, which is the nutritive faculty .... und weiter: „To what disease in the natural body of man, I may exactly compare this irregularity of a commonwealth, I know not. But I have seen a man" .... Diese Sätze fehlen in dem lateinischen Text vollständig, statt der drei folgenden findet man im lateinischen abgekürzte Sätze, in denen sich auch der ausführliche Vergleich der staatlichen Wirren mit der Fieberkrankheit befindet.
[1]) Vgl. Georg Jellinek, Syst. d. sub. öffentl. Rechte, S. 31. „Die Erkenntnis der persönlichen Natur des Staates tritt in wissenschaftlicher Klarheit in demselben Augenblicke auf, in dem erkannt wird, dass im Staate ein von dem der ihn bildenden Individuen verschiedener Einheitswille vorhanden sei. Mehr oder minder unbestimmt schon lange vorhanden, vollzieht sie sich in voller Schärfe und Deutlichkeit bei Hobbes, dessen naturalistisch-sensualistische Weltanschauung der An-

und Mannigfaltigkeit wegzudenken und aus dem Staatsbegriff zu entfernen. Für Hobbes ist also die Bezeichnung des Staates als eines Menschen nur ein anderer, viel konkreterer Ausdruck für die Auffassung des Staates als einer Person.[1]) Er unterstützt dadurch auch seine denselben Zweck verfolgenden Ausführungen, dass der Staat nur ein Haupt, eine bestimmte, einheitliche Organisation u. s. f. haben muss. Endlich dient ihm seine Ueberzeugung von der Gleichheit des staatlichen und menschlichen Wesens als beste Widerlegung der Theorie von der Teilung der Gewalten und der Ansprüche der Kirche.[2])

Ausser diesen beiden Arten des Vergleiches zwischen Staat und Einzelmensch, wie sie bei Platon und Hobbes vorliegen und dort bestimmte Eigenschaften der staatlichen Gebilde unmittelbar aufweisen sollen, muss man noch eine dritte in Betracht ziehen. Es gehören zu derselben sehr viele von denjenigen Staatstheorien, die niemals zu den auf

---

nahme hypostasierter Begriffe diametral entgegengesetzt ist: ein schlagender Beweis dafür, mit welch' zwingender Notwendigkeit selbst die den Staat atomistisch aus den Individuen zusammensetzende Theorie des juristischen Staatsbegriffes zur Persönlichkeitstheorie führt."

[1]) Eine vollständige Verkennung der Bedeutung der anthropomorphistischen Auffassung des Staates bei den älteren Denkern zeigt Herb. Spencer, vgl. Ess. v. 1, p. 390. „But the chief errors of these comparisons made by Plato and Hobbes, lie much deeper. Both thinkers assume that the organization of a society is comparable, not simply to the organization of a living body in general, but to the organization of human body in particular." Was Sp. hier mit dem Stolz eines Spätergekommenen blos als Irrtum und weiter unten als Phantasie bezeichnet, ist der charakteristischste Zug der beiden Theorien, von dem man ausgehen muss, wenn man sie überhaupt verstehen will. Darum war Sp. nicht im stande einzusehen, dass es diesen beiden Denkern nicht auf die Organisation, sondern auf die einheitliche Auffassung des Staates ankam, weshalb sie denselben nur als einen Menschen und nicht als einen Organismus auffassen konnten. Ueber van Kriekens Auffassung der Hobbesschen Staatstheorie vgl. G. Jellinek, a. a. O. S. 32, Note 1. „Geringe Kenntnis der Weltanschauung des Hobbes zeigt van Krieken, Ueber die sog. organische Staatstheorie S. 41 ff., wenn er auf Grund gelegentlicher Bilder in den Schriften Hobbes' diesen für einen Vertreter der organischen Theorie erklärt."

[2]) Vgl. Th. Hobbes, a. a. O. Molesw. III, S. 236. „Sicut exstiterunt doctores quidam, qui tres animas in eodem homine esse docuerunt; ita etiam sunt qui plures animas, id est plures summe imperantes, in una et eadem civitate esse sustinuerunt supremum summo, canones legibus, et authoritatem quandam spiritualem civili opponentes" . . . .

den Analogieschlüssen aufgebauten gerechnet wurden. Als der typische Vertreter dieser Richtung in den Staatswissenschaften kann Montesquieu betrachtet werden. Während Platon und Hobbes meistenteils zu den Anhängern der Analogieschlüsse gerechnet werden, wird Montesquieu immer als freier Geist behandelt, welcher allen gewaltsamen Annahmen und übereilten Deduktionen fernbleibt[1]); und doch ruhen seine staatstheoretischen Ansichten auf derselben Grundlage, wie diejenigen der beiden Ersteren. Auf Montesquieus gesellschaftliche und staatliche Theorien hat hauptsächlich das starke Hervortreten der moralistischen Litteratur im 17. und im Anfang des 18. Jahrhunderts gewirkt. Wie Platons Idealstaat aus der geistigen Gährung der Zeit der Sophisten und des Sokrates erwachsen ist, so bildet in kleineren Dimensionen die moralphilosophische Bewegung in England und Frankreich am Ende des 17. Jahrhunderts den Hintergrund für die weiteren politischen Erwägungen und Ausführungen.[2]) Die Ueberlegungen über den menschlichen Charakter und seine Natur von Pascal, La Rochefoucauld, La Bruyère, Vauvenargues und besonders von Shaftesbury bilden die eigentlichen Prämissen, zu denen Montesquieu in seinen Staatstheorien den Schlusssatz geliefert hat. Zwischen diesen Autoren und Montesquieu kann man eine Masse von Berührungspunkten aufweisen, die von der direkten Abhängigkeit des letzteren zeugen, besonders dort, wo er über die Sitten, die Erziehung und den gesellschaftlichen Verkehr spricht.[3]) Doch hat er auf

---

[1]) Vgl. van Krieken, Ueb. die sog. org. Staatsth., S. 42 u. 51. v. K. betrachtet nur die Theorie der Teilung der Gewalten von M. und behauptet, dass er sich lediglich an die Ergebnisse seiner reichen Erfahrung hält und deshalb frei von jeder gesuchten Analogie bleibt.

[2]) Vgl. Jodl, Gesch. d. Ethik in d. neuer. Ph. Bd. 1, S. 294.

[3]) Die geistige Verwandtschaft zwischen diesen Moralisten und Montesquieu ist so auffallend, dass sie keiner näheren Beweise durch Berufung auf einzelne Stellen bedarf. Nicht allein in seinen näheren Ausführungen über die Menschen in verschiedener sozialer Lage stand Montesquieu unter dem direkten Einfluss dieser Schriftsteller, sondern auch in seinen allgemeinen Theorien über den Charakter des Volkes und der verschiedenen Staaten berührte er sich mit den früher ausgesprochenen Ansichten in Werken, wie Pascals „Pensées" (vgl. „Raisons des quelques opinions du peuple") und La Bruyères, „Les Caractères" (vgl. die Kap. „Du Souverain ou de la republique", „Des Grands" u. „De la cour").

dieser methodologischen Grundlage, die durch ethische Untersuchungen geschaffen wurde, seine eigenen Staatstheorien ganz originell ausgebildet. Seine Staatsauffassung gründet Montesquieu auf die Unterscheidung zwischen der Natur des Staates und seinem Prinzip. Die Natur ist nur die äussere Struktur der Staaten, nach der man sie auch klassifiziert, das eigentlich belebende Element für das staatliche Wesen ist ihr Prinzip.[1]) Jeder Staat hat nicht nur seine eigene Struktur oder Staatsverfassung, sondern auch sein eigentümliches Prinzip. Dasselbe beruht in den menschlichen Leidenschaften, macht aber nicht blos die wesentliche Eigenschaft und sogar den ganzen Charakter irgend welchen Staates aus, sondern bestimmt auch sein Dasein selbst.[2]) Der Staat kann nur so lange bestehen, als sein Prinzip aufrecht erhalten wird, und mit dem Verfall desselben geht die staatliche Existenz zu Grunde.[3]) Das ganze Wesen des Staates, alle seine Einrichtungen sind von seinem Prinzip geschaffen, belebt und ausschliesslich von ihm abgeleitet. Ein lebendiges sozialethisches Prinzip bedingt also nach Montesquieu genau so alle konkreten mannigfaltigen Erscheinungen des staatlichen Lebens, wie der Wille das menschliche Handeln. Die Entstehung und der Sinn dieser Staatstheorie wäre ganz unbegreiflich, entspräche sie nicht vollständig den damaligen Ansichten über den Menschen und sein Wesen. Montesquieu führt uns seine verschiedenen Staaten mit ihren festen Grundsätzen, Ehre, Tugend, Mässigkeit, Furcht vor, wie einzelne Menschen; sie erscheinen nur als Träger eines einzigen Gedankens oder Gefühls. So erinnern sie an die Helden der zeitgenössischen Tragödien, welche von einer einzigen Leidenschaft beseelt sind und als Repräsentanten einer bestimmten Tugend oder eines bestimmten Lasters auftreten. Wenn man die damalige einseitige Auffassung

---

[1]) Vgl. Montesquieu, De l'esprit des Lois, Liv. III Ch. 1. „Il y a cette différence entre la nature du gouvernement et son principe, que sa nature est ce qui le fait être tel, et son principe, ce qui le fait agir. L'une est sa structure particulière, et l'autre les passions humaines, qui le font mouvoir."
[2]) Vgl. a. a. O. Liv. III, Ch. 2 u. Liv V, Ch. 1.
[3]) Vgl. a. a. O. Liv. VIII, Ch. 1.

der menschlichen „Natur" berücksichtigt, so muss man zugeben, dass Montesquieus Staat in diesem Sinne dem Menschen vollständig gleich ist. Doch ist Montesquieu allerdings ein im Konkreten wurzelnder Geist. Er spricht nur von den thatsächlichen Erscheinungen und beginnt nicht sofort zu abstrahieren, um allgemeine Begriffe zu gewinnen. Er beschreibt mehr, als er theoretisiert. Darum bezeichnet er den Staat weder als einen Menschen, noch als eine Person; manchmal spricht er nur von dem „politischen Körper".[1]

Trotzdem sind die Staatsideen von Montesquieu durch und durch anthropomorphischen Charakters. Nur einmal versucht er zu abstrahieren, indem er die verschiedenen Prinzipien des staatlichen Wesens konstruiert und dadurch die leitenden Kräfte des staatlichen Lebens zu entdecken meint. Hier muss er den Staat schon von vornherein als einen Menschen betrachten. Die ganze Sozialpsychologie Montesquieus wäre völlig unerklärlich, würde man nicht annehmen, dass die Gleichheit des Staates und des einzelnen Menschen vom ethischen Standpunkt ihm für selbstverständlich erscheint. Die Erkenntnismethode ist also bei Montesquieu genau dieselbe, wie bei Platon und Hobbes; denn dieselbe allgemeine Voraussetzung liegt ihr zu Grunde, dass man den Staat als dem Einzelmenschen gleich auffassen soll, wenn man seine Thätigkeit richtig beurteilen will.[2]

---

[1] Vgl. a. a. O. Liv. III, Ch. 7.

[2] Diese letzte Art der Anwendung der Voraussetzung von Montesquieu, dass der Staat dem einzelnen Menschen gleich sein soll, ist weitaus die häufigste. Die Voraussetzung wird hier ebenso stillschweigend angenommen, wie dort; hier aber bleibt sie meistenteils ganz unausgesprochen, was jedoch ihre Bedeutung nicht beeinträchtigt. Man stützt sich hauptsächlich auf sie und gewinnt durch sie einen festen Grund für die Urteile über die Natur und das Wesen des Staates. Bei meinen Untersuchungen bin ich zur festen Ueberzeugung gelangt, dass das dualistische Staatssystem von Augustinus sich hauptsächlich, obwohl nicht ausschliesslich, auf die Voraussetzung stützt, dass der Staat ebenso wie der Mensch aus dem Leib und der Seele bestehen muss. Diese Ansicht könnte man mit vielen Belegen aus Augustinus, dem Gründer dieser Theorie, beweisen. Dasselbe gilt auch von Thomas von Aquino. Ich musste es mir jedoch versagen, dies auszuführen, da hier nicht die Geschichte der anthropomorphistischen Staatstheorien zu geben war, son-

Diejenigen Konsequenzen, vor welchen Montesquieu sich gescheut hat, sind sämtlich von seinem unmittelbaren Nachfolger Rousseau gezogen worden. Ein mehr dogmatischer Geist, hat Rousseau in eine abgeschlossene Theorie gebracht, was Montesquieu nur ahnen liess. Bekanntlich liegt es in der schriftstellerischen Art Rousseaus, dass er seine Ansichten mehr dekretiert, als beweist und erklärt; in diesem Falle aber, bei der Begriffsbestimmung der staatlichen Individualität, hat er sehr viele Vorläufer, die sich derselben Methode bedient hatten. Die Eigentümlichkeit der Rousseauschen Staatsidee besteht darin, dass er die Vorstellung von der personalen Einheit des Staates durch die Zusammenschmelzung der souveränen Staatsgewalt mit dem „allgemeinen Willen" des Volkes ausserordentlich verschärft hat.[1]) Den Staat fasst er als eine „öffentliche Person" auf, die ihren Willen und ihr eigenes „Ich", gemeinsam für das ganze Volk, hat.[2]) Doch kann er sich nicht zur rein begrifflichen Auffassung dieser staatlichen Persönlichkeit erheben und sucht ihre Berechtigung auf Macht und Geltung in dem „kollektiven Körper" des Volkes.[3])

---

dern lediglich die Untersuchungsnormen, welche für die Bildung der verschiedenen Theorien, die zu derselben Gruppe gehören, aufgezeigt und in methodologischer Hinsicht beurteilt werden sollten.

[1]) Vgl. Bernatzik, Kritische Studien über den Begriff der juristischen Person, Archiv f. d. Oeffentl. Recht, Bd. 5, S. 188. „Es ist bekannt, zu welchen Konsequenzen Rousseau und die französische Revolution diese Idee einer Staats- oder Volkspersönlichkeit, welche Begriffe man damals identifizierte, geführt haben" . . . .; und S. 186. „Die Erkenntnis, dass der Staat eine eigene Persönlichkeit sei, welche mit der des Monarchen nicht zusammenfalle, ist eine der grossen Errungenschaften der naturrechtlichen Schule und wurde von den Verfechtern der reaktionären Ideen als eine revolutionäre betrachtet oder bekämpft."

[2]) Vgl. Rousseau, Du contrat social, Liv. I, Ch. VI. „A l'instant, au lieu de la personne particulière de chaque contractant, cet acte d'association produit un corps moral et collectif composé d'autant de membres que l'assemblée a de voix, lequel reçoit de ce même acte son unité, son moi commun, sa vie et sa volonté. Cette personne publique qui se forme par l'union de toutes les autres" . . . .

[3]) Vgl. Otto Gierke, a. a. O. S. 203. „Allein er weiss zur Einheit der Staatspersönlichkeit auf keinem anderen als dem damals überall betretenen Wege der kollektiven Zusammenfassung der Individuen zu gelangen und führt nur, da er jede Zuhülfenahme des Gedankens der Repräsentation verwirft, den individualistischen Kollektivismus um so schroffer durch."

Deshalb verfällt er schliesslich in den alten Fehler der grob sinnlichen Auffassung des staatlichen Individuums und betrachtet seinen „politischen Körper" als dem Körper des Menschen völlig gleich.[1])

Aus all diesen Beispielen kann man sehen, wie der Satz von der Gleichheit zwischen dem Staat und dem einzelnen Menschen die hervorragendsten Staatstheorien bis zum Anfang des 19. Jahrhunderts beherrscht. Manchmal tritt er in der Form einer ganz präzisen Behauptung auf, in anderen Fällen, nicht unbewusst, wie einige Forscher meinen[2]), sondern nur nicht deutlich ausgesprochen, oder nicht ganz klar definiert. Diese stets und hartnäckig sich wiederholende Rückkehr einer und derselben Idee lässt vermuten, dass sie in der Sache selbst begründet ist. Man bedarf in der That eines besonderen Begriffs, um die einheitliche Aeusserung der staatlichen Thätigkeit nach aussen und innen zu erklären. Denn dieser autonome Charakter des Staates ist nur dann begreiflich, wenn man den Staat als ein rechts-, willens- und handlungsfähiges Subjekt betrachtet.[3]) Als das erkannt wurde, war man jedoch noch

---

[1]) Vgl. Rousseau, a. a. O. Liv. III, Ch. 11. „Le corps politique, aussi que le corps de l'homme, commence à mourir dès sa naissance et porte en lui-même les causes de sa destruction. Mais l'un et l'autre peut avoir une constitution plus ou moins robuste et propre à le conserver plus ou moins longtemps. La constitution de l'homme est l'ouvrage de la nature, celle de l'Etat est l'ouvrage de l'art. Il ne dépend pas des hommes de prolonger leur vie, il depend d'eux de prolonger celle de l'Etat aussi loin qu'il est possible, en lui donnant la meilleure constitution qu'il puisse avoir. Le mieux constitué finira, mais plus tard qu'un autre, si nul accident imprévu n'amène sa perte avant le temps. Le principe de la vie politique est dans l'autorité souveraine. La puissance législative est le cœur de l'Etat, la puissance exécutive en est le cerveau, qui donne le mouvement à toutes les parties. Le cerveau peut tomber en paralysie et l'individu vivra encore. Un homme reste imbécile et vit: mais sitôt que le cœur a cessé ses fonctions, l'animal est mort." Jeder wird die Aehnlichkeit der hier ausgesprochenen Ansichten, die sogar in den Ausdrücken sich zeigt, mit der obenangeführten Theorie von Hobbes über den Tod des sozialen Körpers ganz auffallend finden.

[2]) Vgl. van Krieken, a. a. O. S. 11 u. 58.

[3]) Vgl. Georg Meyer, Lehrb. d. Deutsch. Staatsr., 4. Aufl. S. 10. „Die Auffassung des Staates als eines selbständigen von der Person des Herrschers unabhängigen Rechtssubjekts findet sich schon bei den politischen Schriftstellern des klassischen Altertums mit völliger Klarheit ausgesprochen."

unfähig, diese Eigenschaft des staatlichen Wesens blos als einen Begriff zu denken, der nur „gilt" und in diesem Sinne eine höhere Realität, aber kein empirisches „Sein" besitzt; sondern man wollte sie ganz konkret und materiell darstellen.[1]) Das erreichte man dadurch, dass man den Staat nicht nur für eine rechts- und willensfähige Person, sondern auch für einen Menschen erklärte. Indem man nun diesen Schluss vollzog, musste man auch die weiteren Konsequenzen ziehen und die verschiedenen Thätigkeiten des Staates durch den näheren Vergleich mit den Funktionen der einzelnen Körperteile des Menschen begründen. In dieser Weise, infolge der logischen Notwendigkeit, wurden solche Vergleiche zwischen Staat und Einzelmensch auch im Detail ausgeführt. Deshalb beurteilt man diese Theorien nicht aus sich heraus, sondern von einem ihnen fremden Standpunkt, wenn man die ihnen eigentümlichen Vergleichungen als Analogien zwischen der Gesellschaft und dem Organismus im heutigen naturwissenschaftlichen Sinne betrachtet. Bei diesem Vorgehen werden meistenteils die methodologischen Anschauungen und naturwissenschaftlichen Ergebnisse des 19. Jahrhunderts kritiklos auf die Ansichten der früheren Jahrhunderte übertragen. Man schiebt ihnen die Vorurteile der neueren Zeiten unter, statt ihre eigenen zu entdecken. Darum gewinnt man durch alle solchen Nebeneinanderstellungen keine wahre Erkenntnis über die Bedeutung und Eigentümlichkeit der älteren anthropomorphistischen Staatstheorien.

Wenn man aber nach sorgfältiger Analyse alle diese Theorien auf ihre ursprünglichen Elemente zurückführt, so wird man finden, dass Staat und Mensch nicht verglichen, sondern als gleich angesehen werden. Das ist nur dann möglich, wenn man den Staat und den Menschen nicht in ihrer konkreten realen Mannigfaltigkeit und Kompliziertheit, sondern als Subjekte der Rechte und Pflichten, die gewisse ähnliche Ziele und Aufgaben zu verfolgen haben, oder kurz als Personen betrachtet.

---

[1]) Die nähere Aufklärung über die Bedeutung dieser Begriffe findet man im Kap. 6.

## II. Kapitel.
# Gesellschaft und Organismus.

> „Aus der farbigen Welt der Sinne präpariert sie (die Naturwissenschaft) ein System von Konstruktionsbegriffen heraus, in denen sie das wahre, hinter den Erscheinungen liegende Wesen der Dinge erfassen will, eine Welt von Atomen, farblos und klanglos, ohne allen Erdgeruch der Sinnesqualitäten, — der Triumph des Denkens über die Wahrnehmung. Gleichgiltig gegen das Vergängliche, wirft sie ihre Anker in das ewig sich selbst gleich Bleibende, nicht das Veränderliche als solches sucht sie, sondern die unveränderliche Form der Veränderung."
>
> Windelband.

Ein ähnlicher Gedanke der Gleichheit der Gesellschaft und des Menschen tritt im 19. Jahrhundert in ganz anderer Form und mit neuem Inhalt auf. Jetzt werden nicht aus der Voraussetzung, dass man den Staat als einen Menschen betrachten soll, um seine Beschaffenheit richtig zu erkennen, gewisse Schlüsse gezogen, sondern umgekehrt die Vergleichung selbst thatsächlich durchgeführt und ihre Geltung und Bedeutung geprüft. Das ist entschieden der charakteristischste Zug für die ganze Art des methodologischen Vorgehens bei dem Aufbau der neueren Analogie zwischen Staat und Individuum. Noch Platon und Hobbes kannten keine qualitativen Unterschiede zwischen Staat und Mensch; den quantitativen Unterschied dagegen gaben sie blos dadurch an, dass sie den Staat als grösser als den Einzelmenschen oder als einen ungeheuer grossen Menschen bezeichneten. Dieser ausserordentlich auffallend erscheinende Umstand erklärt sich sehr einfach daraus, dass die früheren Denker nur dieselben Qualitäten an Staat und Einzelmensch der Betrachtung unterzogen. Denn sie erforschten dieselben nur in soweit, als sie psychisch-ethische und politisch-rechtliche Individuen sind; die ganze Menge der mannigfaltigen sozialen Funktionen dagegen liessen sie fast ohne Berücksichtigung. Es ist selbstverständlich, dass ihnen dabei jede Verschiedenheit dieser Gebilde entgehen musste und nur der Gegensatz in den Dimensionen bewusst werden konnte. Ganz etwas anderes beabsichtigen die neueren Forscher. Sie wollen den gesamten Komplex der gesellschaftlichen Erscheinungen mit Hilfe der Analogie untersuchen. Es entsteht daraus die Notwendigkeit, alle Gleichheits- und Verschiedenheitspunkte genau festzustellen und zu beurteilen. Bei ihnen geht der Vergleich zwischen Staat und Mensch viel tiefer und gewinnt grössere Bedeutung; aber er ist auch nicht mehr so unanfechtbar. Ihnen kommt es nicht darauf an, nur rein menschliche Seiten diesen beiden Gebilden abzugewinnen und nur dasjenige zusammenzustellen, worin sie unbedingt gleich sind, sondern darauf, sie in ihrem ganzen und in ihrer komplizierten Mannigfaltigkeit als Naturprodukte aufzufassen, zu vergleichen und zu erkennen. Während also die früheren Vergleiche mehr formalen, begrifflichen Charakter haben und daher grosse Aehnlichkeit mit blossen Bildern und Metaphern besitzen, gewinnen diese sachliche, inhaltliche Bedeutung, weil sie nicht mehr zwei begriffliche Gesamtheiten von gewissen homogenen Merkmalen, sondern die Dinge selbst vergleichen wollen. Sie müssen daher als reale Analogien bezeichnet werden.

Die Grundlage für die Anwendung der Analogie mit dem Organismus auf die Gesellschaft bildete die mächtige Entwickelung der Naturwissenschaften und besonders der Biologie. Dem logischen Charakter der Naturwissenschaft entsprechend und vielleicht im Gegensatz zu der ursprünglichen Absicht, blos sachliche Beziehungen festzustellen, operiert man jetzt nicht mit den spezielleren Begriffen, wie Staat und Mensch, sondern mit den generelleren, wie Gesellschaft und Organismus. Nicht mit dem einzelnen Menschen wird jetzt die Gesellschaft verglichen, sondern überhaupt mit dem lebenden Körper. Auch der Schwerpunkt der Gleichheitsmomente wird vollständig verschoben. Denn wie schon erwähnt wurde, stützen sich jetzt die Forscher nicht auf die ethisch-rechtliche Bedeutung des Staates und die äusseren Merkmale derselben, sondern auf die funktionellen Eigenschaften und die Thätigkeiten der Gesellschaft. Dadurch aber wurde nicht nur der Inhalt der Untersuchung bereichert, sondern auch der Gegenstand derselben verändert. Demnach ist die Identifizierung der älteren und der neueren Analogien ebenso aus rein formalen, wie aus inhaltlichen Gründen ganz unzulässig.

Sicher bedeuteten diese Veränderungen einen Fortschritt, weil man eine Menge von sozialen Erscheinungen der Erforschung unterwarf und die Gesellschaft dort suchte, wo sie am meisten wirkt und am klarsten zum Vorschein kommt. Allein diese aktive Auffassung der Gesellschaft als eines lebenden Wesens, zusammen mit der Hineinziehung eines weiten Gebietes der sozialen Erscheinungen in die Untersuchung ist der einzige Vorzug der organischen Theorie. Denn die Bezeichnung der Gesellschaft als eines lebenden Wesens giebt eigentlich noch keine Aufklärung über dieselbe. Sie scheint eine nichtssagende Tautologie zu sein, weil das Leben der Gesellschaft als einer aus Menschen bestehenden Kollektiveinheit selbstverständlich ist. Probleme entstehen erst dann, wenn die Fragen aufgeworfen werden, worin die Eigentümlichkeiten dieses Lebens bestehen, nach welchen Regeln oder Gesetzen es verläuft, und wie man die Substanz, in der das Gesellschaftsleben vor sich geht, definieren muss. Die Beantwortung aber gerade dieser drei entscheidenden Fragen über die Natur der Gesellschaft durch die organische Theorie ist sehr mangelhaft und im höchsten Grade widerspruchsvoll. Eigentlich sind die wichtigsten Seiten dieser Probleme in der Fragestellung gar nicht enthalten; man vermeint sie schon durch die blosse Vergleichung zu entscheiden, während man durch diese doch der Antwort um keinen Schritt näher kommt.

Durch die Bezeichnung der Gesellschaft als eines Organismus hat man vor allem die zentrale Frage von der gesellschaftlichen Substanz, die sonst über alle anderen den Ausschlag geben müsste, als untergeordnet zurückgeschoben. Jetzt fragt man nicht, worin dieselbe besteht, und welche Eigenschaften oder innere und äussere Merkmale sie hat, sondern wo man dieselbe suchen muss. Die ersten und wichtigsten Bestandteile dieser allgemeinen Frage sind angeblich durch das Wort „Organismus" schon gelöst. Unter diesen in der Naturwissenschaft gebildeten Begriff des Organismus, welcher jetzt ein sozialer genannt wird, werden alle diejenigen gesellschaftlichen Gebilde subsumiert, die dazu passen. Ein solches Verfahren bedeutet jedoch bloss die Veränderung des Namens, aber keine logisch vollendete Konstruktion. Denn dadurch gewinnt man, statt eines näher und präzis definierten Begriffes, vielleicht nur eine anschaulichere Vorstellung, wie es gewöhnlich der Fall bei den Bildern ist. Am unbeholfensten zeigt sich die organische Theorie bei der Definierung der Gesellschaft als eines Ganzen und der Bestimmung der Grenzen des gesellschaftlichen Wesens. Obgleich manche ihrer Vertreter ausdrücklich anerkennen, dass in dem Mangel der festen äusseren Gestalt bei einer Gesellschaft der wichtigste Unterschied zwischen dem sozialen und dem biologischen Organismus besteht[1]), so ist das nichtsdestoweniger der Punkt, in dem bei der gegebenen Fragestellung der grösste logische Widerspruch der ganzen Theorie liegt. Bevor man nämlich fragt, ob die Gesellschaft ein Organismus sei, muss man sich darüber verständigen, ob die Gesellschaft überhaupt ein physischer Körper ist. Das allgemeinste Hauptmerkmal eines physischen Körpers ist aber die Ausdehnung im Raume und die äusseren Umrisse. Auch ein biologischer Organismus hat in seiner äusseren Gestaltung ganz genaue substanzielle Grenzen. Denn wenn er auch auf der Schwelle der dinglich fassbaren Körper liegt, weil seine aktive Bedeutung die hervorragendste Eigenschaft seines Wesens bildet und in seinem Begriff immer mitaufgefasst werden muss, so kann er doch in jedem Augenblick seines Bestehens als identisch mit seinen früheren zeitlichen Stadien definiert werden. Demgegenüber haben diejenigen sozialen Gebilde, welche die Soziologen der organischen Schule mit dem Ausdruck „Gesellschaft" be-

---

[1]) Vgl. H. Spencer, The social organism, Essays, v. 1, S. 393. „On the other hand the leading differences between societies and individual organism are these: — 1. That societies have no specific external forms" . . . .

zeichnen, nicht nur keine bestimmte Gestalt und äussere Grenzen, sondern können sogar nicht einmal in ihrem Ganzen als identische Formen eines und desselben, verschiedene Entwickelungsperioden durchmachenden Substrats anerkannt werden. Spencer bezeichnet manchmal als Gesellschaft eine Horde oder ein Dorf in Zentralafrika, eine vollständig ausgebildete Gesellschaft dagegen hält er für möglich nur in einem Staate oder in einem Volke.[1]) Solche soziale Erscheinungen bieten doch zu viele heterogene Elemente dar, um ohne Widerspruch unter einen und denselben Begriff untergeordnet zu werden. Ebenso schwankt Schäffle zwischen dem Volke und dem Staat, indem er einmal das eine, ein anderes Mal den anderen mit dem Worte „Gesellschaft" bezeichnet.[2]) Die Gesellschaft definiert er als einen „Komplex von Personen und äusseren Gütern" oder „als ein höheres Integral und Differential aller organischen und unorganischen Körper und Bewegungen".[3]) Eine solche Vereinigung der heterogensten Elemente ergiebt jedoch keinen Begriff eines einheitlichen Körpers. Sie beschreibt nur die Mannigfaltigkeit der sozialen Erscheinungen und der materiellen Vorbedingungen derselben, welche häufig mit einem Wort als Gesellschaft zusammengefasst werden. Noch weniger ist bei ihm die räumliche Anschauung dieses Körpers gegeben, wenn man denselben als „an die äusserst schmale Zone auf ein wenig unter und ein wenig über die Oberfläche örtlich gebunden" betrachtet.[4]) Andererseits wieder führt seine Behauptung — die hier nicht näher geprüft werden soll —, dass „es kaum einen tierischen, pflanzlichen oder mineralen Körper gebe, welcher nicht von mehreren Seiten in den Dienst des sozialen Lebens gezogen wäre"[5]), zur Erwägung, dass es sich hier nicht um einen Körper, sondern um ein ganzes Stück Welt handelt. Wir empfangen hier eine Summe äusserst mannigfaltiger Vor-

---

[1]) Vgl. H. Spencer, Prinz. d. Soziologie, Bd. 2, § 265.
[2]) Vgl. Schäffle, Bau u. Leben d. sozialen Körpers, Bd. 1, 2. A. S. 137 u. 265.
[3]) Vgl. Schäffle, a. a. O. S. 18.
[4]) Vgl. a. a. O. S. 28.
[5]) Vgl. a. a. O. S. 28.

stellungen, die in ihren wesentlichen Zügen auch nur annähernd nicht definiert werden kann.

Im Gegensatz zu diesen Theoretikern will René Worms einen mehr einheitlichen Gesellschaftsbegriff bilden. Er fängt allerdings mit der Betrachtung der Gesellschaft als solcher oder mit der Gesamtheit der Menschen an, aber schon bei den ersten Erwägungen sind nicht mehr die sozialen, sondern die biologischen Gesichtspunkte für ihn entscheidend.[1]) Er ist durch sie vollständig beeinflusst, wenn er die unmittelbare Wechselwirkung, anstatt sie als das eigentliche Merkmal des sozialen Lebens aufzufassen, ganz unberücksichtigt lässt. Die Gesellschaft selbst definiert er als verschieden vom Staate und identisch mit der Nation oder mit dem Volke.[2]) In Widerspruch jedoch mit seinen früheren Ausführungen giebt er später zu, dass auch die Familie oder der Stamm ursprünglich eine Gesellschaft sind.[3]) Zuletzt hält er für möglich, dass einst die ganze Menschheit sich in eine Gesellschaft umwandelt.[4]) In dieser Weise werden schliesslich durch diesen Gesellschaftsbegriff die äusserst entgegengesetzten Begriffe eines konkreten, abgeschlossenen Dinges oder eines Organismus, eines realen Zusammenhanges vieler Individuen in einer sozialen Vereinigung, und einer blossen gedanklichen Zusammenfassung aller Menschen in eine abstrakte Einheit nebeneinander gestellt und als gleich angesehen.

Ebenso ungenügend ist die Antwort der organischen Schule auf die Frage von der Zusammensetzung des gesellschaftlichen „Körpers". Bei der Behandlung dieses Problems operieren ihre Anhänger meistenteils mit höchst ungenauen Begriffen, wie Körpermasse, Teil, Form, Wachstum,

---

[1]) Vgl. René Worms, Organisme et société, S. 28 ff. „Quand les éléments ne sont point du ressort de la biologie, le tout formé par eux ne saurait être du ressort de la sociologie."
[2]) Vgl. René Worms, a. a. O. S. 27. „La société est donc distincte de la race et de l'Etat. Est-elle identique à la nation ou au peuple? Nous avons répondu „oui" tout à l'heure" . . . .
[3]) Vgl. a. a. O. S. 37. „Mais nous avons fait remarquer aussi que primitivement la seule société connue était la famille ou tribu."
[4]) Vgl. a. a. O. S. 37. . . . . „elle (la société) pourra être plus un jour, elle pourra être une confédération des peuples, ou même l'humanité tout entière."

Beziehung der Teile u. s. f. Die Unzulänglichkeit dieser Begriffe besteht darin, dass sie keine feste Grenze haben und je nach dem Standpunkt verschieden aufgefasst werden können. Schon Aristoteles hat diese Kategorien in die Naturwissenschaft eingeführt. Wir verdanken aber dem höheren Stande der modernen Naturwissenschaften, dass sie jetzt ganz abgethan sind, wofern sie nicht eine vollständig präzise Bedeutung erhalten haben. Von der organischen Schule aber werden sie mit beliebig wechselndem, im voraus nicht definiertem Umfange und Inhalte auf die Gesellschaft angewendet. Sehr oft werden sie sogar im Laufe einer und derselben Ausführung je nach dem Bedürfnis erweitert oder verengert. So bezeichnet Spencer als den einfachsten Teil des sozialen Organismus manchmal die Individuen und dann wieder die Familien.[1]) Ebenso erblickt Schäffle, nachdem er seinen Begriff der Gesellschaft als aus Personen und äusseren Gütern zusammengesetzt definiert hat, die „einfachste vitale Einheit des sozialen Personenreichs" in der Familie, welche er als einen „gesellschaftlichen Elementarorganismus" darstellt.[2]) Nur Worms will auch darin konsequent sein, indem er für den einfachsten Bestandteil der Gesellschaft lediglich das Individuum ausgiebt.[3]) Bei der Durchführung der Analogie zwischen Gesellschaft und Organismus geht er viel weiter als die anderen Theoretiker derselben Schule. Er versucht nicht nur die Gesellschaft den biologischen Organismen, sondern auch die letzteren der ersteren zu nähern, indem er ganz äusserlich die Monadenlehre von Leibniz übernimmt. Dadurch kann er jeder Zelle des lebenden Körpers einen bestimmten Grad von Bewusstsein und Freiheit mitteilen, was ihm die Umwandlung derselben in eine Art von Individuen und ihre Zusammenfassung zur Gesellschaft gestattet.[4]) Allein die Anwendung dieses äusserst individualistischen Standpunktes auf die Auffassung der Gesellschaft führt ihn zu ganz sonderbaren

---

[1]) Vgl. Spencer, a. a. O. Bd. 1 § 7 u. Bd. 2, § 225 und Barth, D. Philos. d. Gesch. a. Soziol. S. 100.
[2]) Vgl. Schäffle, a. a. O. Bd. 1, S. 35.
[3]) Vgl. René Worms, a. a. O. S. 27 ff.
[4]) Vgl. René Worms, a. a. O. S. 59 ff.

Schlüssen. Denn sie nötigt ihn, einen ganz verkehrten Gesellschaftsbegriff zu bilden und bei der Definition desselben das wichtigste Merkmal des gesellschaftlichen Zusammenseins, die psychische Wechselwirkung zwischen Gesellschaftsmitgliedern, ausser Betracht zu lassen. In seinem Individualismus geht Worms so weit, aus dem Begriff der Gesellschaft alle wirtschaftlichen und geistigen Vereinigungen und sogar die Familie zu eliminieren, indem er behauptet, dass wir fortwährend die Familie verlassen, während wir in der Gesellschaft immer bleiben.[1]) Eine solche Leugnung der Zugehörigkeit zum Gesellschaftsbegriff der wichtigsten sozialen Bande und Funktionen kann nur bei der unklaren und rein äusserlichen Auffassung der ihnen zu Grunde liegenden gesellschaftlichen Substanz aufgestellt werden.

Man glaubte jedoch nicht nur die Substanz der Gesellschaft genügend zu bestimmen, indem man dieselbe als einen Organismus betrachtete, sondern damit auch das gesellschaftliche Leben zu definieren, indem man es in der Beziehung der Teile erblickte. Spencer beginnt seine Beweisführung mit der Behauptung, dass das Ganze, welches aus lebenden Teilen besteht, auch lebendig sein muss.[2]) Zu diesem Schluss gelangt er auf dem Wege der Disjunktion, indem er alle Aggregate in zwei grosse Klassen — die organischen und die unorganischen teilt. Allein dieses Verfahren der kontradiktorischen Disjunktion ist sehr gefährlich, und seit den ersten Dialektikern der Eleatischen Schule führte es zu den widersinnigsten Behauptungen. Auch Spencer beweist mit seiner Anwendung eigentlich gar nichts,

---

[1]) Vgl. a. a. O. S. 30. „Suffit-il à une réunion d'hommes d'être durable, pour former une société? Pas davantage, à notre avis. Il y a des groupements très durables, permanents mêmes, qui ne méritent pas cette dénomination, du moins au sens où nous la prenons, et où doit la prendre la sociologie générale. Telles sont notamment les associations commerciales, littéraires, scientifiques ou philantropiques" u. S. 32. „Nécessairement la femme, l'homme surtout vivront une partie du temps hors du ménage, loin du foyer, tandis qu'ils ne sauraient vivre hors de la société. — Mais ce qui n'est pas exact du couple conjugal ne le serait-il pas de la famille? — Pas davantage. Sans compter qu'elle est moins durable ( . . . . ) elle n'absorbe pas non plus la vie tout entière de ses membres même les plus fidèles. Nous sortons sans cesse de notre famille; nous ne sortons pas de la société."

[2]) Vgl. Spencer, a. a. O. Bd. 2, § 213.

weil er in seinen Prämissen und in dem Schlusssatz nur dieselbe magere Thatsache wiederholt, dass die Gesellschaft aus lebenden Wesen besteht. Daraus aber, dass die Gesellschaft aus lebenden Teilen besteht und selbst lebt, kann man nicht die beiden Schlüsse ziehen, welche Spencer zu beweisen sucht, dass die zusammengesetzte Substanz und das zusammengesetzte Leben der Gesellschaft der Substanz und dem Leben ihrer Teile gleich sein muss. Viel eher muss man schon voraussetzen, dass durch diese Zusammensetzung oder durch das soziale Zusammensein ein neues Wesen und ein neues Leben entsteht. Dem gegenüber behauptet Spencer, dass die Gesellschaft als ein aus lebenden Teilen bestehendes Aggregat, welches ebenso wie jene wächst, sich differenziert, und in seinem Bau sich vervollständigt, ein Organismus sein muss.[1]) Wenn man auch diese formale Aehnlichkeit gern zugeben kann, so beweist sie doch nicht auch die sachliche und inhaltliche Gleichheit. Um die letztere aber zu konstruieren, ist Spencer genötigt, im Widerspruch zu seinen Voraussetzungen, eine Masse von unlebendigen Elementen, aus denen die Umgebung und die materiellen Vorbedingungen des gesellschaftlichen Zusammenseins bestehen, als zur Gesellschaft selbst gehörende Bestandteile zu betrachten.[2]) Demnach, statt die Prozesse, in denen sich das Leben der Gesellschaft offenbart, zu analysieren und ihre Eigenschaften festzustellen zu versuchen, substanzialisiert er dieselben in den Mitteln, wie Wegen, Kanälen, Telegraphen, Fabriken, Industriedistrikten u. s. f., in denen diese Bewegungen zu stande kommen, und stellt sie als Bindegewebe zwischen den gesellschaftlichen Gliedern dar. Durch dieses Vorgehen wird das methodologische Verfahren ganz entgegengesetzt demjenigen, welches für die wirklichen Aufgaben aller sonstigen Wissenschaften die Voraussetzung bildet. Denn die zusammengesetzten und mannigfaltigen Erscheinungen werden dabei nicht in ihre einfacheren Elemente begrifflich aufgelöst, sondern weiter kompliziert. Trotzdem erscheint diese Verkennung der wichtigsten wissen-

---

[1]) Vgl. Spencer, a. a. O. Bd. 2, § 214—223.
[2]) Vgl. a. a. O. § 239—240.

schaftlichen Interessen notwendig für die Ausführung der organischen Theorie, wenn man die Eigentümlichkeiten derselben in Betracht zieht. Man kann doch keine annähernde Aehnlichkeit des Lebens der Gesellschaft und der Funktionen des biologischen Organismus aufzeigen ohne Subsumierung der dem eigentlichen sozialen Leben fremden Elemente unter einem allgemeinen Begriff der Gesellschaft. Die auffallende Aehnlichkeit der gesellschaftlichen Thätigkeit mit den Lebenserscheinungen eines Organismus findet gerade auf die unlebendigen Bestandteile der Gesellschaft im weiteren Sinne Anwendung, wie auf das Territorium, das Verkehrswesen und den Warenumlauf, auf den Ackerbau und die Industrie.[1]) Das Gebiet dagegen, in dem die Gesellschaft am meisten als lebend auftritt, nämlich die psychische Einwirkung der Mitglieder auf einander, die geistige Bethätigung, die Ausbildung der ethischen und rechtlichen Normen, die Schaffung der Institutionen für die Vollziehung dieser Aufgaben, muss bei der organischen Auffassung der Gesellschaft fast vollständig ausser Betracht bleiben.[2])

Derselbe Widerspruch zwischen der Bezeichnung der Gesellschaft als eines lebenden Körpers und der Einführung zahlreicher unlebendiger Bestandteile wiederholt sich auch bei anderen Theoretikern. So untersucht Schäffle alle sozial-ökonomischen Prozesse als Nationalökonom und Sozialpolitiker in ihrem wirklichen Verlauf, wie sie uns in ihrer realen Mannigfaltigkeit gegeben sind. Diese Partien seines Buches gehören auch zu den wichtigsten und besten im Gegensatz zu denjenigen, in denen er die sozialen Begriffe zu definieren versucht. Der Versuch aber, die Gesamtheit der verschiedensten sozialen Prozesse, die er einzeln mit grösstem Erfolg analysiert, als Leben zu bezeichnen, misslingt ihm, denn wir glauben ihm nicht, dass sie alle zusammen einen so einheitlichen Vorgang bilden können, dessen Substrat noch nicht einmal eine abgeschlossene Ein-

---

[1]) Wenn auch der biologische Organismus gewisse tote Bestandteile enthält, wie Haare und Nägel, so machen sie blos einen verschwindend kleinen Teil des ganzen Körpers aus und bedingen in keiner Weise die Lebensfunktionen desselben; gerade das Gegenteil ist der Fall beim sozialen Organismus.

[2]) Vgl. Paul Barth, a. a. O. S. 106.

heit ausmacht, sondern ein „sozialer Körper" ist, in dem, wie wir oben gesehen haben, „kaum ein tierischer, pflanzlicher oder mineralischer Körper" fehlt. Gleich diesen Theoretikern glaubt auch René Worms die sozialen Vorgänge besser zu erklären, wenn er in seinem sozialen Organismus die ökonomische Thätigkeit als System der Ernährung, die Werkstätten und Fabriken als die sozialen Organe des industriellen Typus, die Strassen und Eisenbahnen als Blutgefässe u. s. f. auffasst.[1]) Auch er scheidet dafür die wichtigste und unmittelbar gegebene Bethätigung der Vergesellschaftung, die psychische Wechselwirkung aus dem Begriff der Gesellschaft aus. Trotzdem hält er für notwendig, bei der Untersuchung der kollektiven Vernunft und des kollektiven Bewusstseins auch von einem Nervensystem des gesellschaftlilchen Organismus zu sprechen.[2]) Diese bildliche Darstellung des wichtigsten Resultats des gesellschaftlichen Zusammenseins kann selbstverständlich keine Auskunft über dasselbe geben. Darin zeigt sich aber dasselbe für die organische Schule so charakteristische Bestreben, die Funktionen der Gesellschaft in der Gestalt der toten Mittel der sozialen Thätigkeit zu substanzialisieren und als Organe zu bezeichnen, statt sie in ihren eigenartigen und wesentlichen Eigenschaften zu erforschen.[3]) Durch

---

[1]) Vgl. René Worms a. a. O. S. 163 ff. u. 197 ff. und P. Barth, a. a. O. S. 161.
[2]) Vgl. René Worms, a. a. O. S. 228 ff.
[3]) Dieser Standpunkt wird besonders stark und in ganz paradoxer Weise in der neuesten Schrift von Paul v. Lilienfeld vertreten, vgl. Zur Verteidigung d. organisch. Methode i. d. Soziologie, S. 40. „Ein solches Wandern der höheren Bewusstseinselemente wird im sozialen Organismus deshalb ermöglicht, weil die das soziale Nervensystem bildenden Elemente, die Personen, nicht mechanisch an einander geknüpft sind, sondern selbst meistenteils Wanderzellen sind und auf die mannigfachste Weise gegen die sie erreichenden sozialen Reize reagieren können". S. 44. „Ihre Persönlichkeiten (der grossen Männer) stellen solche Zellenelemente in den betreffenden sozialen Nervensystemen dar, um die sich neue Gewebe und Organe gebildet haben, und die dazu beigetragen haben, die früheren aufzulösen und umzugestalten. S. 48. „Die sozialen Verbände haben wir als Nervensysteme bezeichnet . . . . Ganz ebenso (nach den mechanischen Gesetzen) entwickelt sich das soziale aus Individuen bestehende Nervensystem nach denselben Gesetzen, wie die vielzelligen Organismen und speziell wie das aus Neuronen bestehende individuelle Nervensystem". S. 49 und — Gedanken üb. d. Sozialw. d. Zuk. Bd. 5, S. 2.

dieses Verfahren, welches den sonst üblichen wissenschaftlichen Methoden widerspricht, erreicht auch Worms selbstverständlich keine tiefere Erkenntnis in die Natur der Gesellschaft, sondern beeinträchtigt auch die beschreibenden Teile seiner Untersuchung, die sehr realistisch gehalten sind.

Uebrigens wollen die Vertreter der organischen Theorie keine festen Grenzen bestimmen, wo das gesellschaftliche Sein anfängt, und wo es aufhört. Sie kümmern sich nicht um einen einheitlichen Begriff der Gesellschaft und begnügen sich mit der populären flüssigen Vorstellung, wobei sie sich auf ihre Evolutionstheorie stützen, die alles in Bewegung und in immer sich veränderndem Zustande betrachtet. Man findet bei ihnen sogar keinen ernsten Versuch, das Gemeinsame aller gesellschaftlichen Formen auszuscheiden und das Wesentliche von dem Unwesentlichen zu trennen, um alle Merkmale des Gesellschaftsbegriffes in einer Einheit zu verbinden. Denn nicht die einzelnen Formen der Gesellschaft und die spezifischen Merkmale des sozialen Zusammenseins dienen den Organologen als Grundlage für die Bildung des Gesellschaftsbegriffes, sondern ein schon ganz fertiger und in der Naturwissenschaft konstruierter Begriff des biologischen Organismus entscheidet bei ihnen über die Durchführung der Grenze zwischen den verschiedenen gesellschaftlichen Formationen und über die Ausscheidung des Wesentlichen von dem Unwesentlichen für die Soziologie. Darum hat die organische Schule keinen einheitlichen Begriff der Gesellschaft, abgesehen von der Bezeichnung derselben als eines Organismus, geschaffen.

Wenn wir also die Ergebnisse unserer bisherigen einzelnen Ausführungen über den von der organischen Schule gebildeten Gesellschaftsbegriff zusammenfassen, so finden wir, dass ihm alle Eigenschaften eines auch nur relativ vollkommenen logischen Begriffes fehlen. Man vermisst an ihm am meisten alle Vorzüge eines logischen Denkprodukts, wie die Konstanz, durchgängige feste Bestimmtheit und Deutlichkeit, ebenso wie die Sicherheit und Allgemeingültigkeit der von ihm präzisierten Wortbezeichnung.[1]) Nur der laxe Gebrauch der populären

---
[1]) Vgl. Sigwart, Logik, Bd. 1, 2. Aufl. S. 316.

sprachlichen Ausdrücke gestattet den Vertretern der organischen Schule, die verschiedenen von ihnen betrachteten sozialen Gebilde mit dem gleichen Namen „Gesellschaft" zu bezeichnen. Aber auch diese unklare und elastische Vorstellung von der Gesellschaft wird dabei um keinen Grad präziser, fester und bestimmter formuliert. Umgekehrt sogar werden ihr manche Vorzüge eines durch den natürlichen Verlauf des Assoziationsprozesses gebildeten Erzeugnisses genommen. Das geschieht dadurch, dass man diese flüssige Gesellschaftsvorstellung, statt sie selbst zu analysieren und logisch zu vervollkommnen, willkürlich mit einer anderen und ihr vollständig fremden Vorstellung zusammenstellt.[1]) Wie wir oben gesehen haben, glauben die Anhänger der organischen Schule die ganze reale und konkrete Mannigfaltigkeit der verschiedensten sozialen Gebilde dadurch überwinden zu können, dass sie dieselben als Organismen auffassen. Zu dem Zweck müssen sie aber auch den Begriff des Organismus möglichst locker, verschwommen und unbestimmt formulieren. Bei dem jetzigen Zustand der Naturwissenschaften bedarf dieser Begriff immer noch schärferer Abgrenzung, und man geht nicht fehl, wenn man behauptet, dass hauptsächlich die Soziologen und manche Rechtsgelehrte dazu beitragen, diese Aufgabe besonders zu erschweren. Man sollte überhaupt die Aufforderung, eine so komplizierte Vorstellung wie die Gesellschaft im Ganzen möglichst einfach aufzufassen, als eine unberechtigte Zumutung abweisen. Die organische Schule hat durch ihr Verfahren aber noch nicht einmal eine relative Vereinfachung erreicht, sondern ihren Gesellschaftsbegriff durch die Vermengung mit ganz anderen Vorstellungen immer mehr kompliziert. Sie verfolgt also Bestrebungen, die von den verschiedensten Standpunkten aus also im schroffsten Gegensatze zu rein wissenschaftlichen Zielen stehend zu betrachten sind. Deshalb ist es so schwer, diese Theorie

---

[1]) Vgl. R. v. Mohl, Encykl. d. Staatswissenschaften, 2. Ausg. S. 41. „Es verstösst bekanntlich gegen die ersten Gesetze der Logik und Arithmetik, wesentlich ungleichartige Dinge mit einander zu vergleichen. Ungleichartig sind nun aber einmal der einzelne menschliche Körper oder Geist und die zum Wollen oder Handeln bestimmten Einrichtungen des Staates."

von ihren schwachen Seiten zu packen. Das vollständige Leugnen der anerkannten Regeln der Begriffsbildung macht sie unangreifbar. Der Vertreter der organischen Schule kann immer einen Ausweg finden, weil er keine allgemeingültigen logischen Normen anerkennt. Er untergräbt damit die allgemeinen Grundlagen des Denkens. Um einen Fortschritt in der Wissenschaft zu erreichen, muss man sich über die einfachsten Begriffe verständigen. Wenn aber dieselben Erscheinungen mit verschiedenen Namen bezeichnet werden, oder die verschiedenen mit denselben, wenn gleiche sprachliche Ausdrücke unmittelbar nach einander verschiedenes bedeuten, dann kann man zu keinen allgemeinen Ergebnissen gelangen.

Alle diese methodologischen Gesichtspunkte könnten jedoch als nicht massgebend für die Beurteilung der organischen Theorie abgewiesen werden. Die Analogie zwischen Gesellschaft und Organismus mag fehlerhaft sein, bei der Durchführung derselben mögen willkürliche Annäherungen, Unterstellungen und logisch nicht gerechtfertigte Beziehungen festgestellt werden, der organische Gesellschaftsbegriff mag nicht im mindesten dem Produkt einer logisch vollendeten Theorie entsprechen, und die organische Theorie kann doch einen bestimmten Wert behalten; muss ja doch schon die Thatsache, dass sie zuerst die Gesellschaft von ihrer funktionellen Seite aufgefasst hat, als entschiedener Fortschritt bezeichnet werden.[1]) Ihre wichtigste Aufgabe besteht in dem Bestreben, die Gesetze des sozialen Lebens und der sozialen Entwickelung zu entdecken. Wenn nun die organische Theorie wenigstens einen richtigen Weg aufweist, auf dem man die sozialen Gesetze wirklich suchen muss, dann ist ihr Wert ungeheuer gross. Darum kann diese Theorie erst dann richtig beurteilt werden, wenn man untersucht, in welchem Grade sie diesen Forderungen der Wissenschaft genügt.

In den letzten Jahrzehnten ist es sehr geläufig geworden, zu behaupten, dass die Naturgesetze auch für die

---

[1]) Vgl. K. Menger, Untersuch. üb. d. Methode d. Sozialwiss. u. d. polit. Oekon. insbesondere, S. 139 ff.

gesellschaftlichen Erscheinungen gelten, oder dass dieselben allgemeinen Gesetze in der Gesellschaft wie auch in der Natur herrschen müssen.[1]) Solche angeblich wissenschaftlichen Redensarten verdanken ihre Entstehung hauptsächlich dem oberflächlichen Gebrauche der Worte „Gesetz" und „Naturgesetz". Daraus, dass diese in den modernen Naturwissenschaften so stark benützt werden, schliesst man gewöhnlich, dass sie eine ganz klare und präzise Bedeutung haben, welche von allen in demselben Sinne verstanden wird. In Wirklichkeit aber haben wir keine „Naturgesetze" im allgemeinen. Was die Naturwissenschaft bis jetzt erreicht hat, besteht in der Entdeckung der mechanischen, astronomischen, physischen, chemischen, physiologischen und sonstigen Gesetze. Der Begriff „Naturgesetz" fasst blos diese getrennten Klassen von Gesetzen in eine gemeinsame begriffliche Gruppe zusammen. Es giebt aber kein höheres Naturgesetz, in dem diese Gesetze auch wirklich aufgehen könnten. Wenn wir also prüfen, was diesen einzelnen, verschiedenen Reihen der Naturgesetze gemeinsam ist, dann können wir nur die kausale Verbindung der Erscheinungen als solche ausscheiden. Dieser gemeinsame Zug aller Naturgesetze ist jedoch selbst kein Gesetz, sondern eine Norm unseres Denkens.[2]) Auf der andern Seite kann auch die „Natur" nicht als allgemeines Merkmal für diese Reihe von Gesetzen gelten, weil man in diesem Falle den Naturbegriff im engeren Sinne nimmt, welcher historisch ganz erklärlich und nichtsdestoweniger einer zufälligen Herkunft ist. Im weiteren Sinne gehört zur Natur nicht nur die seelische Thätigkeit des Menschen, soweit wir sie im kausalen Zusammenhang erklären können, sondern auch die gesellschaftlichen Erscheinungen. Die Soziologen der organischen Schule haben

---

[1]) Vgl. G. Ratzenhofer, Die soziolog. Erkenntnis, posit. Philos. d. sozial. Lebens, S. 18 u. 84 ff. — P. v. Lilienfeld, Gedank. üb. d. Sozialwissensch. d. Zuk., Bd. 2, S. 28, 43, 74 ff. Er vertritt besonders den Standpunkt, dass für die Gesellschaft als eine „Fortsetzung der Natur" dieselben allgemeinen Gesetze wie für die Natur gelten müssen.
[2]) Vgl. Al. Riehl, Der philosophische Kritizismus, Bd. 2, S. 225. „Das Kausalgesetz ist nämlich nicht selbst ein Naturgesetz, sondern das Gesetz, das die allgemeine Form der Naturgesetze bestimmt und das der Geist befolgt, indem er die Natur erforscht." — Windelband, Präludien, S. 217.

also vollständig recht, wenn sie die Gesellschaft als direkte Fortsetzung der Natur in diesem Sinne auffassen. Um jedoch zu beweisen, dass wir die sozialen Erscheinungen nur dann begreifen können, wenn wir sie unter dem Gesichtspunkt der kausalen Verbindung betrachten, braucht man nicht den ganzen Apparat der Naturwissenschaften und die Analogie zwischen den gesellschaftlichen und rein natürlichen Erscheinungen.[1] Dazu genügt schon das logische Postulat, dass wir nur das verstehen, was wir als notwendig oder im kausalen Zusammenhang auffassen, und die daraus folgende einfache methodologische Ueberlegung. Die erfolgreiche Anwendung derselben logischen Grundsätze wie bei der Untersuchung der Naturerscheinungen kann man als schon bekannt voraussetzen.[2] Man muss sogar bei der Erforschung der sozialen Geschehnisse die eigentlichen Naturgesetze ganz aus der Erwägung ausscheiden, um jedes Missverständnis zu beseitigen, weil keine der uns bekannten Naturgesetze im engeren Sinne, weder die mechanischen noch die physischen, noch die chemischen oder physiologischen auf die gesellschaftlichen Vorgänge direkt anwendbar sind. Wenn wir einmal die Gesetze des sozialen Lebens entdecken, so werden das in erster Linie soziale Gesetze sein, und erst als solche werden sie unter einen

---

[1] Die entgegengesetzte Meinung wird durch die ganze Schule von Comte vertreten, der sie zuerst in scharfer Form ausgesprochen hat. Vgl. Aug. Comte, Cours de philos. posit. 3. Éd. Bd. 1, S. 81 .... „les physiologistes qui ne se sont pas préparés à leurs travaux spéciaux par une étude préliminaire de l'astronomie, de la physique et de la chimie, ont manqué à l'une des conditions fondamentales de leur développement intellectuel. Il en est encore plus évidemment de même pour les esprits qui veulent se livrer à l'étude positive des phénomènes sociaux, sans avoir d'abord acquis une connaissance générale de l'astronomie, de la physique, de la chimie et de la physiologie". Dazu vgl. P. v. Lilienfeld, Zur Verteidigung d. organ. Methode i. d. Soziologie S. 8 ff. — G. Ratzenhofer, a. a. O. S. 11 u. 84 ff.

[2] Die Anwendung dieses Grundsatzes auf die Psychologie vgl. bei Windelband, a. a. O. S. 218. „Für die wissenschaftliche Untersuchung braucht deshalb die Geltung des Kausalitätsgesetzes für die Erkenntnis des Seelenlebens nicht besonders begründet zu werden, sondern sie versteht sich von selbst: denn das Kausalitätsgesetz wäre aufgehoben, sobald in dem Ablauf der erfahrungsmässigen Thatsachen irgend eine Erscheinung angenommen würde, welche nicht die gesetzlich notwendige Wirkung ihrer Ursachen wäre".

höheren methodologischen Begriff subsumiert werden, der vielleicht auch „Naturgesetz" genannt werden kann. Allein ausser den oben genannten Naturgesetzen giebt es noch andere, welche auch die Bezeichnung „Naturgesetz" beanspruchen, und auf die sich die Soziologen der organischen Schule am meisten berufen. Das sind nämlich die biologischen Gesetze. Diese Art der Gesetze bildet mit den kosmologischen und geologischen eine besondere von der ersten verschiedene Gruppe. In dem historisch bedingten Sprachgebrauch werden beide Gruppen zwar in einem und demselben Begriff als Naturgesetze zusammengefasst, ihren methodologischen Grundsätzen nach sind sie aber von einander prinzipiell verschieden. Die erste Kategorie der Gesetze, welche aus den mechanischen, astronomischen, chemischen, physischen, physiologischen u. s. w. Gesetzen besteht, trägt ein gewisses zeitloses Gepräge. Sie gelten immer dann, wenn eine entsprechende Erscheinung als Voraussetzung vorhanden ist. Ihrem Begriff nach bestehen sie in einer einfachen und direkten Verbindung von zwei unmittelbar nacheinander folgenden Vorgängen. Als Ausdruck einer unbedingten Notwendigkeit werden sie als allgemeine, dauernd geltende Sätze formuliert. Wenn sie auch verschiedene Reihen bilden, so handeln diese Reihen nicht von zeitlich ununterbrochenen Erscheinungsgruppen, sondern von homogenen Klassen der Erscheinungen, welche aus den heterogenen, mannigfaltig verwickelten Naturprozessen ausgeschieden werden. Denn die Naturgesetze im engeren Sinne, ebenso wie sie zeitlos sind, werden auch — rein logisch betrachtet — ausser dem wirklichen Raume konstruiert, obgleich sie nur von der den Raum ausfüllenden Materie handeln. Sie beruhen auf der Abstraktion und Isolierung gewisser Stoffbeziehungen, welche in so reiner Form in der Natur nirgends vorkommen. Darum kann man sagen, dass die Naturgesetze in demselben Sinne von der abstrakten Materie handeln, wie die mathematischen Gesetze von dem abstrakten Raume, und dass, wie die mathematischen Gesetze unräumlich, ebenso auch die Naturgesetze dinglich-unräumlich sind, weil sie nicht die konkreten, sondern die transcendentalen Beziehungen der Stoffe und Räume im

Auge haben. Die Wissenschaft abstrahiert in diesem Falle von allen sachlich-konkreten Bedingungen, sie lässt vorläufig ausser Betracht, dass einerseits räumlich kein Vorgang isoliert geschieht, und dass andererseits zeitlich jede Wirkung ihrerseits eine Ursache ist. Ihre Aufgabe besteht nur in der Erklärung jedes einzelnen Vorganges, in der Feststellung jedes Paares der zusammenhängenden Geschehnisse. Das wird in der Weise erreicht, dass man, berechtigt oder unberechtigt, die Voraussetzung macht, dass nur die homogenen Erscheinungen die gegenseitige Ursache bilden können. Darum muss man für einen astronomischen Vorgang eine astronomische Erklärung in dem Gravitationsgesetze suchen, für einen physischen eine physische, für einen chemischen eine chemische. So entsteht die methodologische Teilung der Natur in die verschiedenen homogenen Reihen, und die in dieser Weise isolierten Gruppen von Erscheinungen bilden den konkreten Hintergrund für die Konstruierung verschiedener Naturgesetze. Sie sind jedoch nur begrifflich isoliert; sachlich geschieht kein einziger Vorgang in der Natur, der nur physisch oder chemisch wäre.

Einen ganz anderen Charakter tragen die Naturgesetze, welche zur zweiten Klasse gehören. Die kosmologischen, geologischen und biologischen sind eigentlich die konkrete Anwendung der Naturgesetze, nicht so, wie wir sie in unseren Laboratorien und bei unseren Experimenten untersuchen, sondern so wie sie in der lebendigen Natur wirken. Hier treten sie in einem ununterbrochenen Fluss der natürlichen Geschehnisse auf. Darum besteht ihr Hauptmerkmal in dem Hinzutreten des zeitlichen Moments, sodass der fragliche Prozess immer nur als ein einmaliger betrachtet werden muss. Das wird dadurch erreicht, dass man die Erscheinungen unter dem Gesichtspunkte der Entwickelung oder der Evolution auffasst. Die uns bekannten mechanischen und Gravitationsgesetze als zeitlose gelten ewig. Bei der Entwickelung des Sonnensystems aber mussten sie in den verschiedensten und verwickeltsten individuellen Modifikationen auftreten. Es ist ganz begreiflich, dass im Moment der Bildung der Planeten, als die Erde, wenn wir das hypothetisch annehmen, noch die Gestalt eines Saturnringes hatte, und der Merkur mit der Venus noch nicht von der Körpermasse der Sonne abgetrennt war, dieselben Gravitationsverhältnisse sich in bestimmter Verschiebung befanden. Ebenso stark modifiziert wirkten infolge der mannigfaltigsten Komplikationen die uns bekannten physischen, chemischen und physiologischen Gesetze in der sekundären und tertiären Epoche der Bildung der Erdkruste, in der Zeit der Ablagerung der Steinkohlenschichten auf unserer Erde, und solcher vegetabilischen und tierischen Formen, wie fossile Pflanzen, Ichthyosauren und Plesiosauren. Und zu diesem Moment der Zeit bei den kosmologischen, geologischen und biologischen Gesetzen tritt noch ein bestimmtes räumlichdingliches Moment hinzu. Im wirklichen Raume finden die Beziehungen, welche durch die eigentlichen Naturgesetze festgestellt werden, nirgends isoliert statt, sondern immer räumlich neben- und miteinander in der verwickeltsten realen Mannigfaltigkeit und an den kompliziertesten Dingen. Kein einziger chemischer oder physischer Vorgang kann in der Natur einzeln geschehen, sondern er geht stets in Begleitung mit hundert anderen gleichzeitigen Vorgängen vor, die sich in demselben Raume und an demselben Stoffe abspielen. Infolgedessen erscheinen die realen Naturprozesse vollständig andern Wesens als die ursprünglichen Beziehungen zwischen den einfachsten begrifflich isolierten Elementen, und die Vertreter der Entwickelungstheorie glauben etwas ganz Neues entdeckt zu haben, wenn sie ausser den zeitlosen noch die „Entwickelungsgesetze" konstruieren. Allein in der Natur können keine anderen Gesetze wirken, als diejenigen, die wir im isolierten Zustand als zeitlose und ausser dem wirklichen Raume befindliche in unseren Laboratorien und Arbeitsstuben durch eine bestimmte vereinfachende und synthetische Thätigkeit unserer Vernunft entdeckt haben. Deshalb enthalten die kosmologischen Gesetze nichts Neues im strengen Sinne des Wortes, oder nichts, was nicht schon in den mechanischen, astronomischen und chemischen Gesetzen zum grössten Teil ausgesprochen gewesen wäre. Ebenso beruhen auch die geologischen Gesetze nur auf der Kombination der mechanischen, physischen, chemischen und physiologischen Gesetze, wie sie im realen Raum auf der Erde geschehen. Aber deshalb sind auch die kosmologischen, geologischen und biologischen Gesetze keine Gesetze mehr im Sinne dauernd geltender Beziehungen. Die uns früher bekannten Naturgesetze haben durch ihre Anwendung und Vereinigung ihre abstrakte und isolierte, zeitlose und unräumliche Bedeutung verloren und werden jetzt betrachtet, wie sie in dem wirklichen Raume und in einem ununterbrochenen zeitlichen Verlaufe oder in der Natur selbst als lebendige Kräfte wirken.

Diese zwei Kategorien von Naturgesetzen sind also nicht sachlich, sondern begrifflich verschieden. Während die ersteren allgemeine und dauernd gültige Sätze aufstellen, behandeln die letzteren alles vom Gesichtspunkte des zeitlichen Verlaufes, der Veränderung und Neubildung. Zwischen den ersteren und den letzteren findet sich eine logische Kluft, die nur sachlich überbrückt werden kann, weil sie beide dieselben Dinge betreffen. Die ersteren treten nun zwar sachlich in der realen Welt an derselben Körpermasse immer an einander gebunden auf; trotzdem aber können wir sie nicht die einen auf die anderen zurückführen. Ein chemisches Gesetz können wir nicht als ein mechanisches auffassen, oder umgekehrt ein mechanisches als ein chemisches.[1]) Diese logischen Reihen, welche die verschiedenen Gruppen der Naturgesetze der ersten Klasse bilden mit ihren Voraussetzungen, wie die gravitierenden Körpermassen, die wellenförmigen Aetherbewegungen, die chemischen Elemente und die Affinität zwischen ihnen, bleiben für uns immer prinzipiell getrennt und unvermittelt.[2]) Weder

---

[1]) Man muss sehr tief in der Hegelschen Identitätslehre stecken, um den folgenden Satz aufzustellen: „Aller Naturprozess ist Mechanismus. Der Chemismus ist unbekannter Mechanismus. Der Organismus ist unbekannter Chemismus, also doppelt unbekannter Mechanismus." Vgl. Ludwig Knapp, System der Rechtsphilosophie, S. 25.
[2]) Vgl. H. Rickert, Die Grenzen der naturwissenschaftlichen Begriffsbildung. S. 118. „Andererseits würden jedoch, auch wenn eine solche Umwandlung der Begriffe (in einheitliche Relations- oder Gesetzesbegriffe) gelungen wäre, die Untersuchungen, die nur innerhalb eines Ausschnittes der Wirklichkeit angestellt sind, und die für diesen Ausschnitt gefundenen Gesetze niemals ihren selbständigen Wert verlieren. Es könnte mit anderen Worten eine allgemeine Theorie

ihre sachliche Verbindung in den komplizierten Prozessen der lebendigen Natur, wie sie die Entwickelungswissenschaften untersuchen, noch ihre hypothetische Vermittelung, welche in den höchsten Synthesen, wie in der Theorie der Unzerstörbarkeit der Materie und der Erhaltung der Energie, in denen alle Differenzen des empirischen Seins und Geschehens verschwinden, ihren Ausdruck findet, verändert im mindesten das unversöhnliche begriffliche Verhältnis der verschiedenen Reihen der Naturgesetze oder ermöglicht ihre Zusammenfassung in eine allgemeine und dauernd geltende Formel. Auch wenn die neuesten Versuche, wie sie sich in den Bestrebungen der physikalischen Chemie äussern, zur vollständigen Verbindung der beiden Gebiete führen sollten, werden sie nicht die Bedeutung des methodologischen Prinzips der Aufstellung der verschiedenen apodiktisch geltenden Sätze durch die einzelnen Wissenschaften zerstören, das bis jetzt so fruchtbar und wirksam war.

Diesen begrifflich unversöhnlichen Charakter der verschiedenen Reihen der Naturgesetze hat schon Comte besonders hervorgehoben.[1]) Er hat es jedoch nicht für nötig gehalten, die von ihm am Anfang aufgestellten Gesichtspunkte auch weiter konsequent durchzuführen. Viele blos sachliche Erwägungen haben ihn vom rein logischen Stand-

---

der Körperwelt niemals die speziellen physikalischen Theorien überflüssig machen oder die Physik ganz in Mechanik auflösen".

[1]) Vgl. Comte, Cours de philos. posit., 3. Ed. T. 1 S. 43. „En assignant pour but à la philosophie positive de résumer en un seul corps de doctrine homogène l'ensemble des connaissances acquises relativement aux différents ordres de phénomènes naturels, il était loin de ma pensée de vouloir procéder à l'étude générale de ces phénomènes en les considérant tous comme des effets d'un principe unique, comme assujettis à une seule et même loi." S. 44. „Dans ma profonde conviction personnelle, je considère ces entreprises d'explication universelle de tous les phénomènes par une loi unique comme éminemment chimériques, même quand elles sont tentées par les intelligences les plus compétentes" u. S. 45. „Laplace a exposé effectivement une conception par laquelle on pourrait ne voir dans les phénomènes chimiques que de simples effets moléculaires de l'attraction newtonienne, modifiée par la figure et la position mutuelle des atomes. Mais . . . . il est presque certain que la difficulté de l'appliquer serait telle, qu'on serait obligé de maintenir, comme artificielle, la division aujourd'hui établie comme naturelle entre l'astronomie et la chimie". Darüber vgl. J. St. Mill, System d. Logik, Bd. 2 § 2, 3, 4.

punkte abgelenkt. Diese Inkonsequenz Comte's erklärt sich dadurch, dass er die verschiedenen Betrachtungsweisen der Naturerscheinungen nicht unterschieden hat, die später in der Aufstellung der dauernd geltenden Naturgesetze einerseits und der „Entwickelungsgesetze" andererseits ihren Ausdruck fanden. Denn statt die Naturwissenschaften nach dem logischen Charakter der von ihnen formulierten Sätze zu beurteilen, hat er in den von ihnen behandelten Gegenständen eine Rangordnung festgestellt.[1]) Er unterscheidet in der Gesamtheit der theoretischen Wissenschaften nur zwischen den beschreibenden Naturwissenschaften, zu denen er die ganze sogenannte Naturgeschichte rechnet, und die nur Material liefern, und den dogmatischen, gesetzerforschenden Naturwissenschaften.[2]) In dem Aufbau der letzteren findet er eine natürliche Hierarchie, welche zum Teil durch ihr historisches Auftreten, hauptsächlich aber durch die sachliche Ordnung der verschiedenen Naturphänomene bedingt ist.[3]) In dieser Weise findet er die sachliche Vermittelung zwischen den verschiedenen Reihen der Naturerscheinungen und konstruiert bestimmte künstliche Uebergänge zwischen den einzelnen Wissenschaften. Jede höhere Wissenschaft, da sie mit generelleren Erscheinungen zu thun hat, arbeitet bei ihm für die nächstfolgende speziellere Wissenschaft vor. Auf Grund dieses Zusammenhanges erschien ihm auch die Folgerung, die er für den Aufbau der neuen sozialen Wissenschaft in den Vordergrund schob, der direkte Uebergang von der Physiologie und Biologie zur Soziologie als schon

---

[1]) Vgl. a. a. O. S. 49. „Il consiste en ce que la classification doit ressortir de l'étude même des objets à classer, et être déterminée par les affinités réelles et l'enchaînement naturel qu'ils présentent, de telle sorte que cette classification soit elle-même l'expression du fait le plus général, manifesté par la comparaison approfondie des objets qu'elle embrasse".
[2]) Vgl. a. a. O. S. 56. „Il faut distinguer par rapport à tous les ordres de phénomènes, deux genres de sciences naturelles: les unes abstraites, générales, ont pour objet la découverte des lois qui régissent les diverses classes de phénomènes, en considérant tous les cas qu'on peut concevoir; les autres concrètes, particulières, descriptives, et qu'on désigne quelquefois sous le nome de sciences naturelles proprement dites, consistent dans l'application de ces lois à l'histoire effective des differents êtres existants".
[3]) Vgl. a. a. O. S. 64 u. 66.

erwiesen.¹) Er hat die Frage sogar nicht einmal gestellt, ob die Thatsachen, mit denen die Soziologie zu thun hat, nicht vollständig heterogener Natur seien. Dadurch also, dass er jetzt blos sachliche Vermittlung feststellte und sie seinen weiteren Ausführungen zu Grunde legte, hat er seine frühere scharf logische Trennung zwischen den verschiedenen Klassen der Phänomene und ihren Gesetzen vollständig eingebüsst.²) Gerade aber diese, durch seine Inkonsequenz entstandene, Meinung Comte's und nicht sein erster bedeutender methodologischer Gedanke wurde von seinen Nachfolgern äusserst verschärft und durch die evolutionistische Schule bis zum Aeussersten getrieben. Während Comte noch blos dinglich-räumliche Vermittelungen zwischen den verschiedenen „Reihen" der Naturphänomene konstruierte, suchten die Evolutionisten sie als verschiedene Stufen eines und desselben zeitlichen Prozesses zu betrachten.³) Denn die Vertreter der Entwickelungstheorie stellten sich die Aufgabe, überall die zeitlichen Uebergänge zwischen den verschiedensten Naturerscheinungen festzustellen, um sie als identisch behandeln zu können und alles ausschliesslich von demselben Standpunkte des Fortschreitens zu begreifen. Durch

---

¹) Vgl. a. a. O. S. 73—74.
²) Vgl. a. a. O. S. 68—71.
³) Dadurch, dass Comte eine gewisse Anordnung der Dinge im Raume zur Basis seiner Systemausführung macht, gewinnt seine Konstruktion eine bestimmte Aehnlichkeit mit dem viel früheren naturphilosophischen System von Schelling, wobei man selbstverständlich von allen sonstigen Motiven des Denkens beider Philosophen, wie von der verschiedenen empirisch-kausalen einerseits und teleologischen Betrachtungs- und Erklärungsweise andererseits, absehen muss. Ganz frappant erscheint dann die Aehnlichkeit des Schicksals beider Systeme in der Umbildung des einen in die Evolutionstheorie und des anderen in die Hegelsche Philosophie durch die Einführung des zeitlichen Momentes. Ueber Schelling vgl. Windelband, Gesch. d. neueren Philosophie Bd. 2, S. 241. „Er (Schelling) hat weder geleugnet noch andererseits ausdrücklich behauptet, dass dieser Uebergang des Unvollkommenen in das Vollkommenere eine historische Thatsache, d. h. ein zeitlicher Prozess sei, und seine Entwickelungslehre ist daher nicht im eigentlichsten Sinne als Descendenztheorie aufzufassen. Die Entwickelung ist für ihn ein ideelles Verhältnis, dasselbe wie bei den grossen Philosophen des Altertums und wie bei Leibniz; sie will nur sagen, dass die Stufenleiter der Natur ein System von Erscheinungen bilde, in welchem jede einen bestimmten Platz im Verhältnis zu den übrigen einnimmt und in dessen Zusammenhange sich die Grundidee in allen ihren Beziehungen ausbreitet."

die räumliche und zeitliche Kontinuität der Erscheinungen verleitet, glaubten sie die verborgensten und wichtigsten Naturgesetze entdeckt zu haben, während sie blos eine alte Anschauungsweise, die nichts beweist und nichts erklärt, viel konsequenter durchgeführt und sie nur zum Teil mit neuem Inhalt, der durch die eigentlichen Naturwissenschaften gewonnen war, ausgefüllt haben. Indem sie aber blos den Verlauf und das Aneinanderreihen in der Ausdehnung, oder das zeitliche und räumliche Nach- und Nebeneinandersein der Dinge und Erscheinungen feststellten, mussten sie den Begriff des Naturgesetzes, d. h. eines allgemeinen und dauernd geltenden Satzes ganz fallen lassen. Für sie ist alles fliessend, übergehend, relativ; nichts ist dauernd und allgemeingiltig. Der hervorragendste Repräsentant dieser methodologisch-monistischen Richtung in der Wissenschaft ist gewiss Spencer. Seine ganze synthetische Philosophie beruht auf der Ausgleichung der Widersprüche, die auf logischem Wege nicht beseitigt werden können, oder auf der übertriebenen Anwendung der Identitätslehre, die er im rein zeitlichen Sinne versteht. Deshalb kann man ihn als den bedeutendsten modernen Hegelianer bezeichnen, obgleich er seine wissenschaftlichen Ansichten unabhängig von Hegel ausgebildet hat.[1])

Wenn wir jetzt nach dieser allgemeinen methodologischen Erörterung, die den prinzipiellen Gegensatz zwischen den Gesetzes- und Entwickelungswissenschaften festzustellen zur Aufgabe hatte, uns nach der Stellung der Soziologie umsehen, so können wir dieselbe nur in die zweite Klasse der Naturwissenschaften im weitesten Sinne, neben die Kosmologie, Geologie und Biologie setzen. Gleich den anderen Wissenschaften aus dieser Kategorie untersucht die Soziologie einen zeitlich ununterbrochenen Entwickelungsprozess in einem abgeschlossenen Kreise von Erscheinungen. Die Biologie kann aber dabei ebensowenig die Voraussetzung für die Soziologie bilden und das Material für ihre Schlüsse

---

[1]) Vgl. Kuno Fischer, Hegels Leben, Werke u. Lehre, S. 219. „Was heutzutage, am Ende unseres Jahrhunderts, Monismus genannt wird, das hiess im Anfange desselben, als Hegel seine philosophische Laufbahn begann, Identität oder Prinzip der Identität."

liefern, wie die Geologie und Kosmologie dasjenige für die Biologie liefert. Alle diese Naturwissenschaften müssen als vom methodologischen Standpunkt vollständig gleichberechtigt[1]) und ebenso sachlich wie begrifflich unabhängig von einander anerkannt werden. Die Kosmologie untersucht die Entwickelungserscheinungen der Weltkörper, die Geologie diejenigen der Erdkruste, die Biologie diejenigen der Pflanzen- und Tierarten, und man muss annehmen, dass die Soziologie die Entwickelungsvorgänge in der Gesellschaft zu erforschen hat. Für die ersten drei Erscheinungsgebiete haben wir als Voraussetzung die generellen, dauernd geltenden Naturgesetze, welche wir als die mechanischen, astronomischen, chemischen, physiologischen u. s. f. kennen gelernt haben. Wenn wir also die Erklärung der Entwickelungsprozesse der Gesellschaft oder die Soziologie als Wissenschaft hinstellen wollen, dann müssen wir auch bestimmte allgemeine Gesetze mit dauernder Geltung als Voraussetzung für dieselbe haben. Nun können aber die mechanischen, physischen, chemischen und physiologischen Gesetze nicht dieselbe Geltung für die Gesellschaft, wie für den Rest der Natur beanspruchen. Denn nur bildlich kann man von der Mechanik oder Physiologie des sozialen Lebens sprechen. Die neuen Gesetze müssen also durch unmittelbare Erforschung der gesellschaft-

---

[1]) Diese Auffassung steht im Gegensatz zu Rickerts Meinung, der in der Reihe der nach ihren historischen Bestandteilen geordneten Naturwissenschaften der Biologie die erste Stelle einräumt (vgl. a. a. O. S. 271 u. 277 ff.). Uns kommt es aber hier nicht auf die materiellen Voraussetzungen verschiedener Wissenschaften an, sondern auf den logischen Charakter der Sätze, die jede von ihnen aufstellt. Von diesem Standpunkt aus können wir keinen Unterschied zwischen der Biologie, Geologie und Kosmologie erblicken (vgl. a. a. O. S. 285). Die Eigentümlichkeit dieser Wissenschaften besteht darin, dass sie keine Sätze aufstellen, deren Inhalt dauernde Geltung hat! Wenn in ihnen auch eine Menge von solchen Sätzen verwendet wird, (vgl. a. a. O. S. 290), so sind sie doch sämtlich in anderen Wissenschaften gewonnen. Nur der undifferenzierte Zustand der modernen Naturwissenschaften gestattet, sie zu den einen, statt zu den anderen Wissenschaften zu rechnen, und dieser Umstand verhüllt den eigentlichen Charakter der heutigen Modewissenschaft der Biologie besonders. Wenn man das aber thut, so muss man auch den Gegensatz zwischen Biologie einerseits und der Chemie, Physik u. s. f. andererseits, der vom Gesichtspunkt der „historischen" Bestandteile dieser Wissenschaften gar nicht besteht und sich in einen graduellen Unterschied verwandelt, für einen prinzipiellen anerkennen.

lichen Erscheinungen selbst festgestellt werden. Darum können es keine anderen Gesetze als soziale sein. Die Soziologen der organischen Schule aber wollen, wie wir sahen, die soziologischen oder die Entwickelungsgesetze der Gesellschaft früher feststellen, als sie die sozialen Gesetze entdeckt haben. Deshalb steht die moderne Soziologie ihrem inneren Werte nach nicht höher als die Astrologie oder Alchemie des Mittelalters. Sie ist eine einfache Uebertragung fremder Ideenreihen auf das Gebiet der sozialen Erscheinungen.

Aus dieser Erwägung über die wissenschaftliche Stellung der Soziologie folgt jedoch ein anderer ausserordentlich wichtiger Schluss. Der Entwickelungsprozess der Gesellschaft, den die Soziologie zu behandeln hat, ist nicht minder zusammengesetzt und mannigfaltig bedingt, als der Entwickelungs- und Bildungsprozess der Weltkörper, der Erdkruste oder der Pflanzen- und Tierarten. Ebenso wie wir z. B. die Ablagerung der Schichten in der Erdkruste nicht durch die chemischen Gesetze allein erklären können, sondern auch die mechanischen und physischen in Betracht ziehen müssen und gar nicht die Frage aufwerfen können, welche von diesen Gesetzen entscheidend für den Vorgang waren, sind wir auch nicht im stande, die Bildung der Stände durch eine einzige kausale Reihe, z. B. durch die geistige Ueberlegenheit und psychische Einwirkung der intellektuell Stärkeren auf die Schwächeren zu erklären. In dem mannigfaltigen Prozess der Gesellschaftsentwickelung müssen also viele soziale Gesetze gleichzeitig wirken, die nicht nur zu derselben Gruppe gehören und eine homogene Reihe bilden, sondern in heterogene Gruppen auseinanderfallen und in den verschiedensten sachlichen Kombinationen auftreten. Deshalb besteht die nächste methodologische Aufgabe der dogmatischen Sozialwissenschaften darin, ein richtiges Einteilungsprinzip für die mannigfaltigen sozialen Erscheinungen zu entdecken. Die letzteren umfassen bekanntlich so heterogene und prinzipiell entgegengesetzte Vorgänge, wie die ökonomische materielle Entwickelung, die kausalbedingte psychische Wechselwirkung der Gesellschaftsmitglieder und den ethisch-rechtlichen Aufbau der durch Zwecke bedingten

Normen und Regeln. Erst wenn aus dieser Mannigfaltigkeit der konkreten sozialen Geschehnisse die homogenen Reihen begrifflich ausgeschieden werden, wird es möglich, nicht nur ihre Gesetzmässigkeit, sondern auch die für sie geltenden Gesetze festzustellen.

Dem gegenüber wurde sogar die Berechtigung des Bestrebens, die sozialen Gesetze zu entdecken, bestritten, da es keine solche geben könne, weil die Gesetze im Sinne eines Naturgesetzes nur den kausalen Zusammenhang zwischen den einfachsten Elementen aufzuweisen haben.[1]) Wenn diese Behauptung nun auch eine bestimmte Berechtigung hat, so kann sie doch durch falsche Formulierung ein grosses Missverständniss hervorrufen. Die Naturwissenschaft geht in der That darauf aus, alles in die einfachsten Bestandteile aufzulösen, und die definitive Naturerkenntnis kann erst durch das Vordringen bis zu den letzten unauflösbaren Urphänomenen erreicht werden. Trotzdem aber ist das Bestehen der Naturgesetze als allgemeiner und dauernd geltender Formeln für die komplizierteren Gebilde gar nicht in Frage gestellt. Schon manche Teile der Physik stellen sich die Aufgabe, die Gesetze der Aggregatzustände der Naturkörper zu untersuchen, indem sie von der chemischen Zusammensetzung derselben vollständig abstrahieren.[2]) Noch im höheren Masse

---
[1]) Vgl. G. Simmel, Die Probleme der Geschichtsphilosophie, S. 39.
[2]) Vgl. Sigwart, Logik, 2. Aufl. Bd. 2, S. 698. „Die mechanische Theorie der Gase sieht von ihren chemischen Differenzen ab, soweit sie sich nicht zugleich, durch die Differenzen des spezifischen Gewichts in ihrem Gebiete geltend machen; wie vielerlei Gase es giebt, ist nicht ihre Aufgabe aufzuzählen, da sie sich begnügt auszusprechen, dass wenn ein Körper ein Gas ist, er unter bestimmten Gesetzen des Druckes, der Wärmeausdehnung, der Wärmekapazität u. s. w. steht" und S. 640. „Die Mechanik des Himmels giebt in grossartiger Einfachheit ein Bild solcher Konstruktion, das freilich streng genommen auch nur durch eine Abstraktion möglich ist; indem nur die Bewegung der Massen im Raume betrachtet und von anderen Beziehungen, wie z. B. der Licht- und Wärmestrahlung, abgesehen wird; indem nur zwei allen Körpern gemeinsame unveränderliche Eigenschaften als Grund ihrer Bewegungen angenommen werden, folgen die Bahnen und die Geschwindigkeit der Planeten aus ihren Massen, Entfernungen und der vorangehenden Bewegung nach einfachen Gesetzen, und die Schwierigkeit liegt höchstens in den Rechnungsmethoden, welche aus den von Moment zu Moment sich ändernden Relationen einer Mehrheit von Elementen ihre immer nach demselben Gesetze folgenden weiteren Aenderungen abzuleiten haben."

gilt das für die Physiologie, welche die höchst verwickelten und mannigfaltigen Prozesse des Lebens zu erforschen hat. Wenn dieselben auch auf die ursprünglicheren mechanischen, physischen und chemischen Vorgänge zurückgeführt werden könnten, so würde trotzdem das Bestehen der besonderen physiologischen Gesetze nicht im mindesten aufgehoben. Denn die physiologischen Gesetze, welche die Erscheinungen der Ernährung, des Stoffwechsels und der Fortpflanzung bestimmen, sind ebenso generell und gelten in demselben Sinne für alle lebenden Wesen, wo es solche überhaupt giebt, wie die physischen und chemischen Gesetze überall dort gelten, wo die betreffenden Stoffbeziehungen vorhanden sind.[1]) Noch kompliziertere Gebilde setzen die psychologischen Gesetze voraus. Schon die einfachsten Elemente der Bewusstseinszustände können nur auf den oberen Stufen der physischen Entwickelung zu stande kommen. Die psychischen Erscheinungen im ganzen vollends finden erst in dem höchsten und kompliziertesten der lebenden Organismen, in dem Menschen statt. An sich enthält also die Behauptung nichts Widersprechendes, dass die menschlichen Aggregationszustände oder die Gesellschaften trotz der Kompliziertheit der in ihnen zu stande kommenden Prozesse ihre eigenen Gesetze haben.

Man muss jedoch streng unterscheiden zwischen der Zusammengesetztheit einer sozialen und einer historischen

---

[1]) Sigwart, a. a. O. S. 506, stellt den Satz auf: „Auch die Physiologie zeigt im weiten Umfang allgemeine Sätze, welche nur den Charakter empirischer Gesetze haben." Dass Physiologie viele solche Elemente enthält, hat am besten Sigwart selbst bewiesen. Allein man muss bestreiten, dass alle physiologischen Gesetze nur „empirische" sind. Die allgemeinen Sätze, welche die Vorgänge bei den Ernährungs-, Stoffwechsels- und Fortpflanzungsprozessen bestimmen, tragen ihrer logischen Struktur nach denselben Charakter, wie bei anderen generellen Naturwissenschaften. Sie sind ebenso allgemeingültig und notwendig, weil sie ebenso für alle lebenden Wesen gelten, wie z. B. die Sätze der Chemie für alle Elemente. Deshalb können sie mit demselben Recht und in demselben Sinne als Naturgesetze betrachtet werden. Sigwart giebt das nur zum Teil zu, indem er behauptet a. a. O. S. 509: „Ebenso können wir die beschreibenden Gesetze der Physiologie unter der Voraussetzung als allgemeingültig annehmen, dass weder in der Natur der Individuen, noch in den allgemeinen Bedingungen ihres Lebens eine Veränderung eintritt." Thatsächlich aber sind wir genötigt, bei der Bildung der allgemeinsten Sätze diese Voraussetzung nicht zu machen, sondern von allen relativ zeitlichen Gesichtspunkten einfach abzusehen.

Erscheinung. Wenn es ganz richtig ist, dass es so wenig „historische Gesetze" geben kann, wie es Gesetze des Palmen- oder Buchenwachstums giebt[1]), so kann man dasselbe nicht von den sozialen Geschehnissen und ihrer Gesetzmässigkeit behaupten. Der Unterschied besteht nicht in der Rangordnung der Dinge selbst, sondern in dem logischen Verfahren bei der Bildung der Begriffe. Jedes geschichtliche Ereignis muss notwendig als individuell und zufällig angesehen werden.[2]) Das Charakteristische an ihm besteht in den vielen konkreten Zügen, welche gar nicht in die Kategorie des Gesetzes als der Feststellung der generellen Beziehungen passen. Das Gesetz betrifft die einfachsten und letzten Elemente der Dinge nicht so sehr im sachlichen, wie vielmehr hauptsächlich im begrifflichen Sinne, nachdem alle konkreten Züge abgelöst sind. Denn die Vereinfachung ist in diesem Falle blos eine logische That, obgleich sie häufig auch durch Experiment unterstützt werden kann. Auch die letzten Urphänomene gehen in den Rahmen eines Gesetzes gar nicht ein, wenn sie individuell sind. Das Gesetz ist ein allgemeiner, abstrakter Ausdruck der Beziehungen zwischen den begrifflich isolierten Elementen der Dinge, welche ausser dem wirklichen Zeitverlauf und ausser der empirischen Raumausdehnung konstruiert werden. Darum können nur die höchsten Gattungsbegriffe in einem Relationssatz in Beziehung gesetzt werden, der als Gesetz eine allgemeine und dauernde Geltung hat. Aus dem Begriffe des Gesetzes als eines generellen Verhältnisses folgt konsequenterweise, dass alle Artbegriffe aus ihm ausgeschlossen sind. Weder die Bäume, noch die Tiere als solche können ihre Naturgesetze haben, ebenso wenig wie die Luft ihre hat. Die Lebenserscheinungen dagegen überhaupt, abgelöst von allen einzelnen spezifischen Formen, bilden den Gegenstand der Gesetze aufstellenden Wissenschaft, trotz ihrer ausserordentlichen Kompliziertheit, ebenso wie die Gesetze der Aggregatzustände der Gase durch die Physik untersucht werden. In derselben Weise kann man die sozialen Er-

---

[1]) Vgl. G. Simmel, Ueber Massenverbrechen, „Die Zeit", 157.
[2]) Vgl. Windelband, Geschichte und Naturwissenschaft, S. 21.

scheinungen im allgemeinen nur in ihren wesentlichsten Merkmalen und abgelöst von allen individuellen Zügen oder in begrifflich vereinfachter Form in Gesetze fassen. Die Gesellschaft ist zwar eins der kompliziertesten Gebilde, sie ist aber nicht eine Art eines anderen Dinges, z. B. eines Menschen; für sie giebt es keinen höheren Gattungsbegriff, der das Wesentlichste an ihr erschöpfen könnte. Sie kann entweder als eine konkrete mannigfaltige Vorstellung genommen werden, oder das Material für die generellen sozialen Begriffe bieten. Der Umstand, dass die Gesellschaft nichts Dingliches enthält, was nicht schon von vielfachen Seiten den Gegenstand der Physik, Chemie oder Physiologie ausmacht, beeinträchtigt gar nicht ihre Eigenschaft als eines besonderen eigenartigen Wesens. Denn die sozialen Prozesse und Vorgänge enthalten noch etwas mehr, was für sich erforscht werden muss, und das genügt für den Aufbau der dogmatischen Sozialwissenschaften. Die moderne Psychologie fragt nicht, ob die Seele noch abgetrennt vom Körper Etwas ist; sie hat nur die psychischen Zustände, die als Thatsache gegeben sind, zu untersuchen. Noch weniger beschäftigt sie sich mit der chemischen Zusammensetzung des Körpers oder identifiziert die mechanischen und physischen Vorgänge und Funktionen in dem Organismus mit den seelischen Zuständen. Ebenso müssen auch die sozialen Erscheinungen, die uns gleichfalls als eine Wirklichkeit besonderer Art gegeben sind, ganz unabhängig von den körperlichen Erscheinungen, welche das Gebiet der Naturwissenschaften im engeren Sinne wie der Physiologie und Biologie ausmachen, untersucht werden. Der Fehler der organischen Schule besteht eben darin, dass sie diese zwei Seiten eines und desselben Dinges, nämlich der Gesellschaft, identifiziert, statt sie zum Zweck der Erforschung zu trennen und einzeln zu analysieren.

Am häufigsten wird jedoch gegen die Möglichkeit, die sozialen Gesetze zu entdecken, der Einwand erhoben, dass weniger die gesellschaftlichen Prozesse selbst, wie die in ihnen wirkenden Ursachen zu kompliziert seien. Denn jede soziale Erscheinung wird durch viele verschiedene Ursachen, die gleichzeitig wirken, hervorgerufen. Allein dieser Vorwurf beruht auf derselben Unfähigkeit, aus dem Begriff des Gesetzes die thatsächliche Verursachung jeder konkreten spezifischen Erscheinung auszuscheiden, sowie auf dem Uebersehen seines Wesens als einer allgemeinen und abstrakten Formel der generelleren kausalen Beziehungen zwischen zwei begrifflich isolierten Elementen. Jede konkrete Naturerscheinung ist nicht nur durch eine unendlich komplizierte Reihe der Ursachen, sondern auch durch die zufällige Kreuzung der verschiedensten Ursachenreihen hervorgerufen, genau so wie ein individueller gesellschaftlicher Vorgang. Die ersteren sind nicht minder individuell und zusammengesetzt als die letzteren.[1]) Sogar in unseren Laboratorien bei den Experimenten sind wir nicht im stande, vollständig isolierte Vorgänge herzustellen. In der kleinsten Retorte, in der wir eine chemische Reaktion beobachten, gehen noch die mechanischen und physikalischen Prozesse vor, wie die Gravitations- und Kapillarvorgänge, die Ausscheidung der Wärme und der Elektrizität. Wir sprechen aber in diesem Falle nicht von der Mannigfaltigkeit der Ursachen, weil wir die verschiedenen Reihen der Erscheinungen begrifflich von einander trennen und die kausalen Beziehungen nur im Gebiete jeder einzelnen Reihe feststellen.

Wenn aber weder die physischen, noch die physiologischen Gesetze, wie wir oben gesehen haben, das eigentliche soziale Leben betreffen können, so ist auch die Behauptung unrichtig, dass nur die individualpsychologischen Gesetze in der Gesellschaft wirken. Die Thatsache, dass man alle sozialpsychischen Erscheinungen auf die Vorgänge im einzelnen Bewusstsein notwendig zurückführen muss, weil die Gesellschaft keine andere Substanz als diejenige der einzel-

---

[1]) Vgl. Rickert, a. a. O. S. 258. „Es ist daher ganz und gar irreführend, wenn gesagt wird, eine bedeutende historische Persönlichkeit sei zu kompliziert, um in die Begriffe der Naturwissenschaft eingehen zu können, ein körperlicher Vorgang nicht". S. 260. „Etwas „Einfacheres" als ein Stück Schwefel kann es doch nicht geben, und trotzdem ist jedes Stück Schwefel, das wir nicht auf die Natur des Schwefels sondern auf seine individuellen Besonderheiten ansehen, eine unübersehbare Mannigfaltigkeit und daher ganz genau so unbegreiflich wie etwa Goethe oder Kant."

nen Menschen hat, kann noch keinen Ausschlag geben. Denn die Gesellschaft im Sinne der psychischen Wechselwirkung ruft im Bewusstsein des Einzelnen psychische Zustände hervor, die vollständig heterogener Natur sind, und deren Gesamtheit ein besonderes Gebiet der spezifisch sozialen Funktionen ausmacht, welches für sich untersucht werden muss. Sie sind neue und zusammengesetzte Erscheinungen auf individualpsychologischer Unterlage aufgebaut in ähnlicher Weise, wie etwa die physiologischen Erscheinungen auf der Basis der physikalischen und chemischen Prozesse. Die besonderen physiologischen Gesetze wären doch auch dann nicht aufgehoben, könnte man alle Lebenserscheinungen im tierischen Körper auf die mechanischen, physikalischen und chemischen Vorgänge zurückführen, weil die Eigenartigkeit der Lebensfunktionen damit noch nicht erschöpft wäre. Schon die Thatsache, dass diese ursprünglicheren Naturprozesse unter gewissen Bedingungen in einer bestimmten Kombination stattfinden und Lebenserscheinungen ergeben, und zwar stets und immer nach denselben Grundsätzen, wo immer diese Bedingungen vorhanden sind, genügt, um besondere Gesetze aufzustellen, die gleichfalls allgemeine, dauernde und apodiktische Bedeutung haben, welche nur in der realen räumlichen und zeitlichen Ausdehnung beschränkter ist. Ebenso werden wir vielleicht einmal im stande sein, alle den psychischen Erscheinungen parallelen physiologischen Vorgänge aufzuweisen, und das wird nicht im mindesten den Bestand der selbständigen psychologischen Gesetze angreifen. Zwischen den psychischen und den physiologischen Erscheinungen ebenso wie zwischen den physiologischen und den chemischen besteht eine prinzipielle begriffliche Kluft, die unüberbrückbar ist, und das Aufrechterhalten der verschiedenen Gesetzesreihen erfordert. In gleicher Weise können wir auch einen bestimmten **prinzipiellen Gegensatz** zwischen den individual- und sozialpsychischen Erscheinungen nachweisen Wenn man nämlich den Menschen als ein bewusstes Wesen von dem Rest der Natur prinzipiell unterscheidet, so muss man auch in der Einwirkung eines anderen bewussten Wesens auf ihn ein ganz neues, prinzipiell verschiedenes Element gegenüber der Wirkung aller sonstigen Eindrücke erblicken.¹) Denn ein fremdes Gefühl oder ein fremdes Wollen wirkt auf uns völlig anders als eine Naturerscheinung oder eine Landschaft.²) Dieser grundsätzliche Gegensatz tritt bei der Wechselwirkung der Gefühle von verschiedenen Individuen noch nicht so deutlich zu Tage. Hier kann nur eine auffallende Reizbarkeit oder Abstumpfung der Gefühle eintreten; das könnte aber auch blos als graduelle Modifikation aufgefasst werden, die nur eine Steigerung der gewöhnlichen Bewusstseinserscheinungen darstellt. Dagegen zeigen sich ganz klar bei der Einwirkung eines Willens auf den anderen die Erscheinungen, die im prinzipiellen Gegensatz zu den sozial nicht beeinflussten Bewusstseinsvorgängen stehen. Der Mensch allein kann zielbewusst wollen und handeln. Deshalb verhält sich der menschliche Wille gegen die Natur immer und ausschliesslich bejahend, wenn der Mensch hinter ihr nicht ein lebendiges bewusstes Wesen herausfühlt, wie das durch die animistischen Vorstellungen oder durch die religiösen und ästhetischen Gefühle verursacht wird. Im Gegensatz dazu kann ein Mensch gegenüber einem anderen Menschen seinen Willen vollständig verleugnen. Wenn er zum Beispiel die Befehle eines an-

---

¹) Vgl. G. Tarde, Les lois sociales, S. 28. „Le contact d'un esprit avec un autre esprit est, en effet, dans la vie de chacun d'eux, un évènement tout à fait à part, qui se détache vivement de l'ensemble de leurs contacts avec le reste de l'univers et donne lieu à des états d'âme des plus imprévus, des plus inexpliqués par la psychologie physiologique".

²) Wenn Simmel, „Die Zeit", Nr. 157, den Satz aufstellt: „Innerhalb eben dieser (der Psychologie) kann ich nun zwischen dem Einfluss etwa einer Landschaft oder eines religiösen Eindruckes oder einer umgebenden Menge keinen prinzipiellen Unterschied entdecken", so meint er hier die „Landschaft" augenscheinlich im künstlerischen Sinne als den Ausdruck einer Stimmung oder eines bestimmten Gefühls. In diesem Falle projiziert der Mensch seine eigenen Bewusstseinszustände in die Natur und erhält dann von ihr die entsprechenden Wirkungen. Dasselbe geschieht auch bei den religiösen Gefühlen, in denen der Mensch entweder sich selbst verdoppelt oder eine unklare Empfindung seines Zusammenhanges mit der ganzen religiösen Gemeinde hat. Es handelt sich also in den Beispielen, die S. anführt, um eine direkte und eine indirekte Wirkung der Menschen auf uns. Dagegen ist der Unterschied zwischen dem Einfluss der unbewussten Natur und dem eines anderen bewussten Wesens auf uns ein prinzipieller. Die Scheidung kann selbstverständlich nur begrifflich wie z. B. zwischen Chemie und Physik, und nicht sachlich durchgeführt werden. Alle Vorgänge geschehen doch in demselben Bewusstsein und gleichzeitig, ebenso wie die chemischen und physischen Prozesse sich auf derselben Körpermasse gleichzeitig abspielen.

deren ausführt, so ist sein Wille gleich dem Willen des Befehlenden geworden. Jede Unterordnung, welche die Grundlage der sozialen Gliederung ausmacht, ist darauf begründet[1]) und wäre vollständig unerklärbar, wenn der menschliche Wille sich in dem sozialen Zusammenhang so verhielte, wie er sich gegen die unbewusste Natur verhält. Daher enthält der Satz „Dein Wille geschehe" ein eminent soziales Prinzip.

Diese Thatsache des Auslöschens des individuellen Willens durch die Einwirkung eines anderen auf ihn tritt bei den Massenerscheinungen besonders klar hervor. Während die Willensentschlüsse im individuellen Bewusstsein grösstenteils durch die inneren Prozesse der Begründung und Motivation bestimmt werden, wird die Masse hauptsächlich durch die äusseren Ursachen und zwar durch die Einwirkung der Einzelnen auf einander geleitet. Eine Masse kann durch die blosse psychische Wechselwirkung ihrer Mitglieder zu ganz unerwarteten Willensentschlüssen und Handlungen bewegt werden, die für jeden Einzelnen vollständig unmotiviert bleiben.[2]) Auf diese Erscheinung hat zuerst die Kriminalpolitik ihre Aufmerksamkeit gelenkt. Hier wiederholte sich die bekannte Thatsache, dass die Aufstellung von neuen Problemen und die wissenschaftliche

---

[1]) Vgl. Lotze, Mikrokosmos, Bd. 2, S. 330. „In der That ist der ungebildete Mensch, je weniger weit gesteckt und vielseitig die Ziele seines eigenen Strebens sind, um so mehr zur Bewunderung fremder Kraft und Grösse und zur Unterordnung der seinigen geneigt, ein Zug, ohne dessen glückliches Vorhandensein die Möglichkeit eines geselligen Zusammenlebens schwer denkbar wäre. Diese Fügsamkeit bildet sich zu einer Treue und Hingebung an die Führer und Leiter aus, in der ohne Zweifel ein Keim echt sittlicher Entwickelung enthalten ist. Aber diese Sittlichkeit ist nicht durch allgemeine Gesetze der Gesinnung geregelt, sondern sie haftet an der persönlichen Geltung dessen, gegen den die Handlungen gerichtet sind." — Sigwart, a. a. O. S. 621. — G. Jellinek, Die Lehre v. d. Staatenverbindungen, S. 94. „Denn Gemeinschaft besteht auch nur in Beziehungen vernünftiger Wesen; solche Beziehungen sind aber nur möglich, indem der Wille des Einen zu gunsten des Anderen sich einschränkt . . . ." Vgl. dazu von demselben Verf. „Gesetz u. Verordnung", S. 193 ff.

[2]) Vgl. G. Le Bon, Psychol. des Foules, S. 11 ff. u. 147. „Les crimes des foules ont généralement pour mobile une suggestion puissante, et les individus qui y ont pris part sont persuadés ensuite qu'ils ont obéi à un devoir, ce qui n'est pas du tout le cas du criminel ordinaire."

Behandlung jungfräulicher Gebiete erst aus den praktischen Bedürfnissen erwächst. Das Leben selbst hat die Frage von der Verantwortlichkeit der Teilnehmer an den Massenverbrechen gestellt. Denn wenn die Masse in ihren Handlungen nicht durch Erwägungen und Motive geleitet wird, dann sind ihre Handlungen als unmotivierte vom ethischen Standpunkt aus unfrei, und deshalb kann hier die Strafe, welche ausschliesslich als eines der Motive wirkt, nicht gleiche Bedeutung haben, wie bei den individuellen Verbrechen. Infolgedessen haben diejenigen Kriminalisten vollständig Recht, welche die Thäter bei der Verübung eines Massenverbrechens für halb unzurechnungsfähig halten.[1])

Wenn auch solche Massenerscheinungen, die sich in reiner Form äussern, verhältnismässig eine Ausnahme bilden und dadurch, wie alle Merkwürdigkeiten und Kuriositäten, in hervorragendem Masse die Phantasie und das geistige Interesse erwecken, so zeigen uns doch die gewöhnlichen gesellschaftlichen Erscheinungen viele Abstufungen dieser Macht der gegenseitigen Einwirkung der Gefühle und Willen auf die Einzelnen und die Gesamtheit.[2]) Man kann sogar sagen, dass die Gesellschaft gerade in dieser Wechselwirkung besteht, weil ihr Hauptmerkmal die Modifikation der individuellen Bewusstseinsinhalte ausmacht. In den Massenerscheinungen tritt das Ergebnis dieses Prozesses nur in auffallend gesteigerter Form auf, die über die Heterogenität dieser Erscheinung im Vergleich mit den individualpsychischen Vorgängen keinen Zweifel übrig lässt. Um aber konsequent zu bleiben, müssen wir jede Modifikation des Gefühls und des Willens im gesellschaftlichen Leben als Hinzutreten eines neuen Elementes, als einen prinzipiell neuen Prozess betrachten. Dadurch können wir ein weites Gebiet der gesetzmässigen sozialen Erscheinungen begrifflich isolieren, welches für sich, ganz losgelöst von allen anderen körperlichen und geistigen Erscheinungen untersucht werden

---

[1]) Vgl. S. Sighele, Psychologie des Auflaufs u. d. Massenverbrechen, S. 154 ff.

[2]) Vgl. Otto Stoll, Suggest. u. Hypnot. i. d. Völkerpsychologie, S. 14 u. 512.

muss.¹) Die Gesetze dieser Erscheinungen zu entdecken liegt der Gesellschaftswissenschaft im engeren Sinne ob. Hier können wir uns noch einmal überzeugen, dass die Auffindung der sozialen Gesetze erst dann möglich wird, wenn der Komplex der heterogenen Erscheinungen, welche die konkrete Vorstellung der Gesellschaft im weitesten Sinne ausmacht, in die einzelnen homogenen Reihen geteilt wird. Die Hauptfrage betrifft also die Aufstellung eines richtigen Einteilungsprinzips. Bis jetzt sind die meisten Versuche, diese Aufgabe zu lösen, vollständig gescheitert, weil man als Einteilungsmomente entweder die historisch-individuellen oder die sachlich-naturwissenschaftlichen, aber nicht die logischen Gesichtspunkte einführen wollte.²) — Die Gesellschaft als Ganzes oder als eine mannigfaltig komplizierte Vorstellung kann kein Gegenstand der Erkenntnis im Sinne der kausalen Erklärung der Erscheinungen sein. Die Vertreter der organischen Schule bezeichnen die Gesellschaft als Organismus und halten diese Umtauschung der Worte für eine Definition. Man kann aber sagen, dass die Gesellschaft mehr und zusammengesetzter als der biologische Organismus sei. Nur mit dem Menschen selbst, der in seiner geistigen Struktur den Inhalt der sozialen Prozesse zum Teil widerspiegelt, kann sie verglichen werden. Aber auch den beherrscht sie vollständig durch manche Seiten ihres Wesens, wie durch die ethisch-rechtlichen Vorschriften und die staatliche Organisation. Deshalb ist sie auch höher als der Mensch. Wenn demnach Lilienfeld, einen alten Gedanken wieder aufnehmend³), die Gesellschaft

---

¹) Der näheren methodologischen Begründung dieses Gedankens ist das ganze sechste Kapitel gewidmet.

²) Dilthey, Einleit. in die Geisteswissenschaften, S. 52 ff. u. 118 ff., betrachtet als Einzeldisziplinen der Sozialwissenschaft die Anthropologie, Rechtswissenschaft und Staatswissenschaft. Die Anthropologie hat aber mit den gesellschaftlichen Erscheinungen nichts zu thun, sie ist eine beschreibende Naturwissenschaft gleich der Botanik und der Zoologie. Zwischen Rechts- und Staatswissenschaft kann man andererseits keinen prinzipiellen methodologischen Unterschied finden. Man muss sie vielmehr nach Ausscheidung mancher heterogenen Elemente zusammenschmelzen. Ebenso enthält die Lehre von den Kultursystemen, wie sie Dilthey konstruiert, die verschiedensten Elemente, welche in keiner Weise methodologisch vereinigt werden können.

³) Vgl. O. Gierke, D. d. Genossenschaftsrecht, Bd. 3, S. 14. „Wie der Makrokosmos der Welt und wie der Mikrokosmos des Indivi-

im Ganzen als eine Art Makrokosmos, der als sozialer neben dem physischen Makrokosmos steht, betrachtet, so muss man diese Vergleichung als die richtigste bezeichnen.[1]) Die Erkenntnis dieser sozialen Welt ohne Auflösung derselben in ihre Bestandteile ist jedoch ein logischer Widerspruch. In ihrer Mannigfaltigkeit als solche ist sie unerkennbar und kann blos von den verschiedensten Seiten betrachtet und äusserlich beschrieben werden. Hier zeigt sich auch der wahre Charakter der organischen Theorie, die kein methodologisches Prinzip für die Erforschung der gesellschaftlichen Erscheinungen enthält, sondern nur ein Systematisierungsmittel darbietet, nach dem alle Ergebnisse der meistenteils beschreibenden Sozialwissenschaften äusserlich in ein System gebracht werden. Dadurch befriedigt sie gewisse Bestrebungen nach encyklopädischem Aufbau der Wissenschaften und ist zu diesem Zwecke ein vollständig geeignetes und berechtigtes Mittel. Wenn man die organische Theorie von diesem Standpunkt beurteilt, dann muss man hervorheben, dass die deutsche Litteratur in dem Werke von Schäffle das beste Buch dieser Art besitzt.[2])

---

duums, zwischen die er sich gewissermassen als Mesokosmos eingliedert ist der platonische Staat ein aus Geist und Materie und einem dritten die Idee mit der Sinnlichkeit verknüpfenden Element bestehendes ξῷον." Bernatzik, Krit. Stud. üb. d. Begriff der jur. Person, Archiv f. d. öffentl. Recht, Bd. 5, S. 190, Note 96. „Das principium unitatis des Weltganzen und das Postulat einer Verbandseinheit der ganzen Menschheit, die (im Anschluss an das Gleichnis in Paulus' Brief an die Korinther 1, 12, 4—28) als „corpus mysticum" Christi betrachtet wurde, sind die Grundlagen der patristischen und scholastischen Philosophie von Augustinus angefangen bis zu Thomas von Aquino, Dante, Nicol. von Cues u. A.; sie sind auch die Elemente der „organischen" Staatslehre." Vgl. Gierke, a. a. O., Bd. 3, S. 106 ff. u. 515 ff. und Windelband, Gesch. d. Philos. § 29 (Makrokosmos und Mikrokosmos).

[1]) Vgl. P. v. Lilienfeld, Gedanken üb. die Sozialwissensch. d. Zukunft, Bd. 1, S. 281 . . . . „so stellt der soziale Mensch in Bezug auf die ganze Menschheit, als organisches Ganzes d. i. als sozialen Makrokosmos einen sozialen Mikrokosmos dar. Mit anderen Worten: die menschliche Gesellschaft als Summe der ganzen sozial-historischen Entwickelung der Menschheit repräsentiert einen einzigen von Einheit des Lebens und der Entwickelung durchdrungenen, dem physischen Kosmos, von dem sie einen Teil bildet, gleichen sozialen Kosmos. Dies ergiebt sich aus allen unseren vorausgeschickten Deduktionen."

[2]) Vgl. Schmoller, Zur Litteraturgeschichte d. Staats- u. Sozialwissenschaften, S. 221—232.

Ich, Theodor Kistiakowski, bin geboren am 4./16. November 1868 in Kiew (Russland) als Sohn des o. ö. Professors des Strafrechts an der Universität Kiew Alexander Kistiakowski und seiner Frau Alexandrine geb. Michel. Das Gymnasium besuchte ich zuerst in Kiew und dann in Tschernigow bis zum Jahre 1887. Mein Abiturientenexamen machte ich jedoch erst Ostern 1888 als Externist in dem russischen Alexander-Gymnasium zu Reval. Sodann studierte ich in Kiew, Charkow und Dorpat Geschichte und Rechtswissenschaft. Seit Ostern 1895 studierte ich in Berlin und Strassburg Rechtswissenschaft und Philosophie. Gehört habe ich die Professoren Aegidi, Berner, Brunner, Crome, Dernburg, Dessoir, Gierke, Hensel, Hoeniger, Kohler, Knapp, Laband, v. Luschan, Meitzen, Paulsen, Preuss, Schmoller, Simmel, Winter, Windelband und Ziegler, denen ich allen zu grossem Dank verpflichtet bin. Besonders aber spreche ich hiermit Herrn Dr. Simmel in Berlin und den Herren Professoren Windelband, Ziegler und Knapp in Strassburg für die mannigfachen Anregungen und die liebenswürdige Unterstützung, die sie mir bei meiner Arbeit haben zu teil werden lassen, den lebhaftesten und grössten Dank aus.